ヤマケイ文庫

日本の分水嶺

Hori Kimitoshi 堀 公俊

Yamakei Library

日本の分水嶺

第一章　北海道編

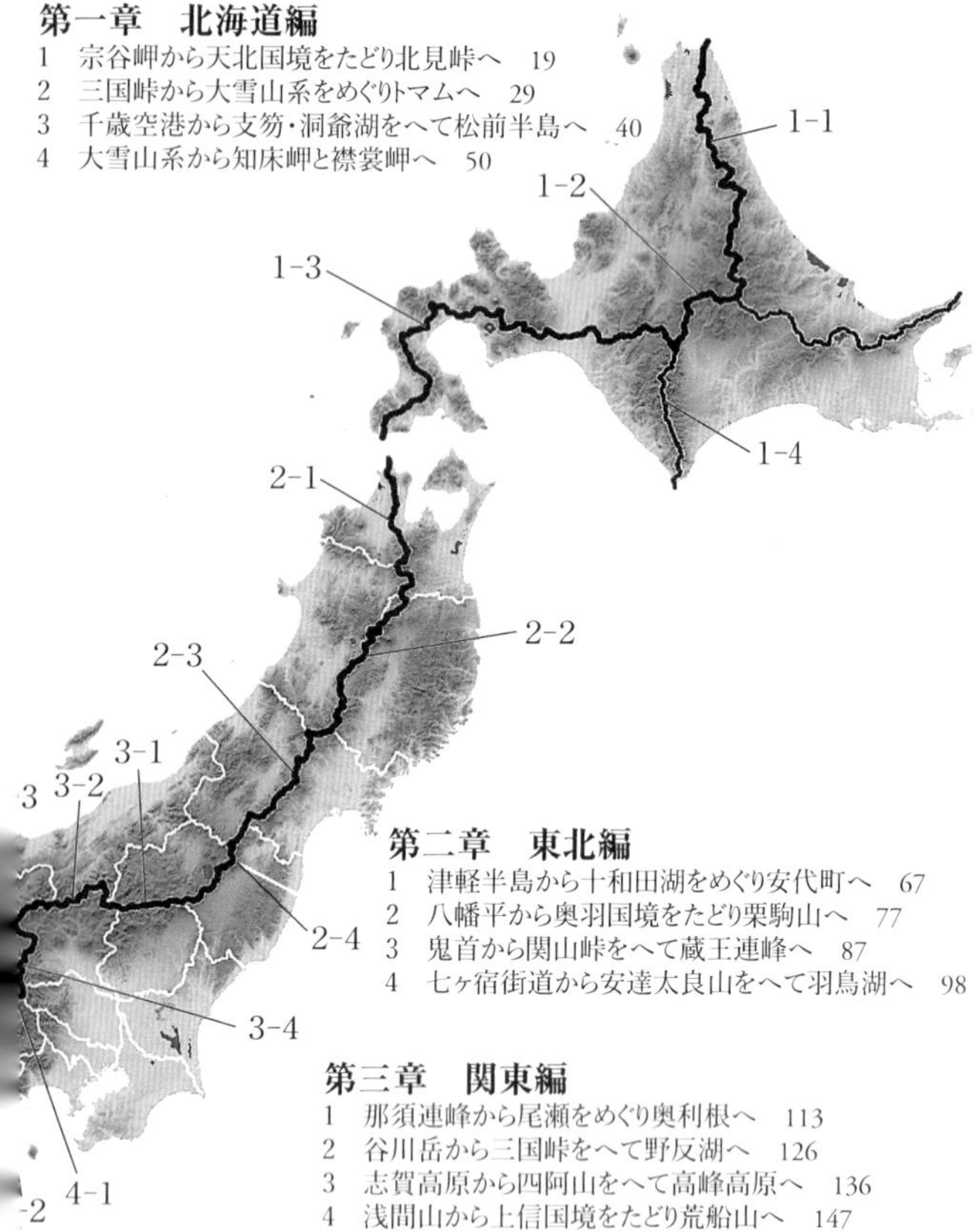

第二章　東北編

第三章　関東編

日本の分水嶺さくいん地図

第四章　中部編

第五章　近畿編

第六章　中国四国編

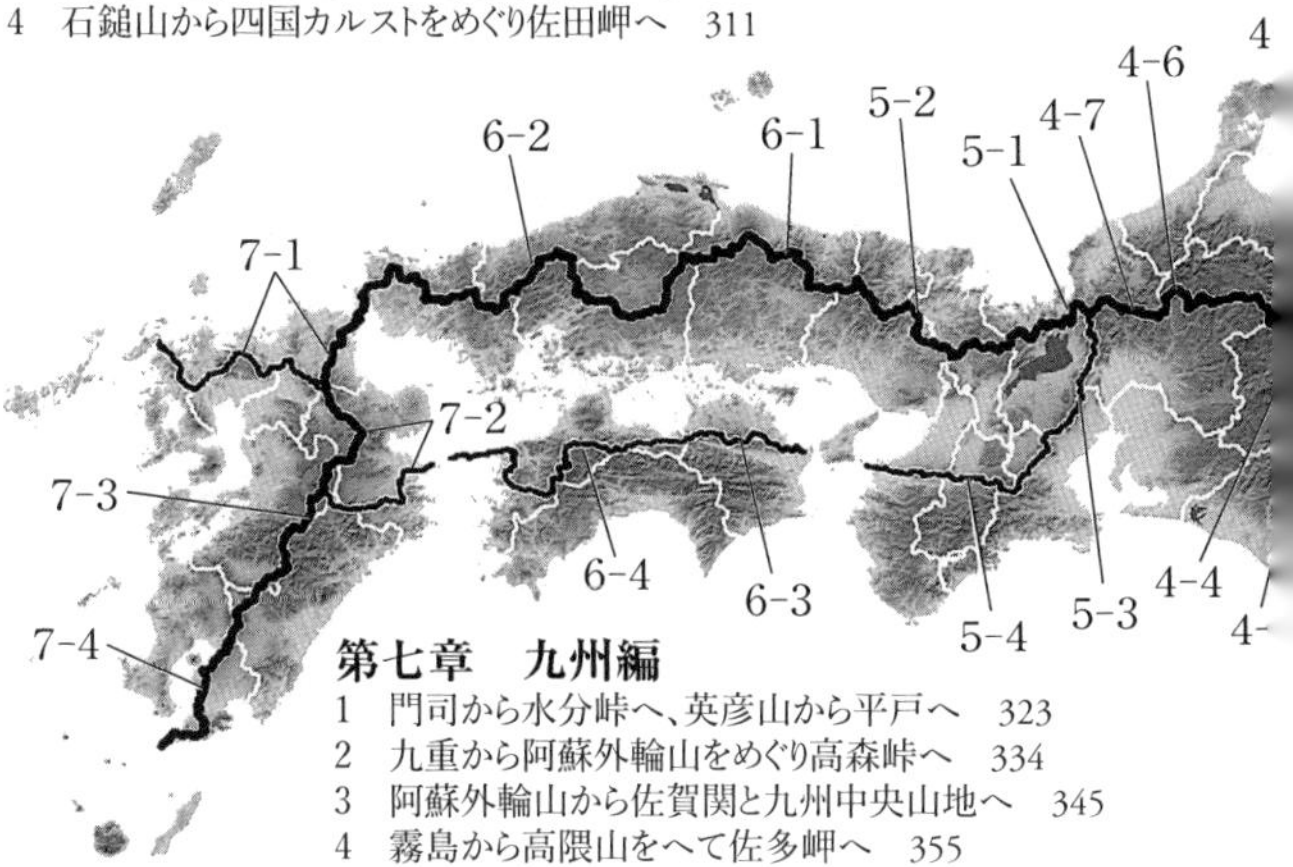

第七章　九州編

はじめに

日本は分水嶺の発展途上国？

「あなたは、分水嶺を訪れたことがありますか？」

この質問にとっさに答えられる人は、おそらくほとんどいないのではないだろうか。しかし答えは簡単で、少なくともこの本に興味をもった方なら、ほぼ一〇〇パーセント「イエス」のはずである。

「え、そんな覚えはないよ」といわれるかもしれない。しかし、そういう人でも知らない間に分水嶺を通り過ぎているにちがいない。

大分水嶺が所在する地方自治体は三八道府県・四一四市町村を数え、三六の国立・国定公園と二四座の日本百名山を通過し、国道一八〇本と鉄道六〇路線が大分水嶺を横断している。普通に山登りや旅行をしている人なら、訪れたことのないほうがおかしい。ただ、分水嶺がどこにあるのかを知らなくて、自分ではまったく気がついていないだけなのである。

こういわれて、あわてて地図を取り出した方もいるだろうが、無駄なことはやめたほうがよい。そのへんの地図をいくら眺めても、分水嶺の場所は書かれていないからだ。

嘘だと思うなら、家族に小学生以上の子どもがいる方は、学校で使っている地図帳を見せてもらってほしい。どこかに分水嶺について書かれているだろうか。では、いつも使っている道路地図や登山地図はどうだろう。それどころか、国土地理院が発行する地形図のどこを探しても分水嶺を示す記号なんか出てこない。もちろん書店や図書館に行っても、分水嶺について書かれた本はまず見つからないだろう。

そもそも、分水嶺がどこにあるのかは、肝心の分水嶺がある地元ですら知られていないことが多い。

以前に兵庫県旧氷上町（現在は丹波市）が、分水嶺の所在する市町村がどのように町づくりに生かしているかという実態調査をしている。ところが町づくりどころか、かなりの市町村で「住民の認識なし（薄い）」という調査結果に終わっている。これでは、一般の人が分水嶺について知らないのは当たり前、知っていたらおかしいくらいだ。

しかし不思議なことに、これがアメリカだとまったく事情がちがってくる。

あちらではどこの本屋でも売っている最もポピュラーなランドマクナリー社の道路地図にさえ、「Continental Divide（大陸分水嶺）」と名づけられた一本の線が、しっかりと書かれてある。日本では、二輪ツーリスト用のややマニアックな道路地図『ツーリングマップル』（昭文社）に申し訳程度の記述があるだけなのとは大きなちがいだ。

ひょっとすると日本は、分水嶺の理解という点に関しては、いまだに発展途上国なのかもしれない。国土のほとんどが山でおおわれ、大小無数の川が流れ落ちる日本は、どこもかしこも分水嶺だらけなのに……。

日本列島を二つに分ける大分水嶺

分水嶺とは、文字どおり〝水を分ける嶺〟のことである。

地表に降った雨や雪は、せせらぎをつくって山を駆け降り、次々に合流しながら大きな川へと成長し、最後は海へと注いでいる。一本の川に雨や雪が流れこむ範囲を流域（集水域）と呼ぶ。お互いに隣り合う流域の境界線が「分水界」（流域界）である。降った雨がどちらの川に流れこむかを分ける境目のことだ。そのなかで分水界が山や尾根にある場合は「分水嶺」と呼ばれる。

実際には、雨水の一部は地下に染みこみ、地表とはちがった流れ方をしている。そのため、地表のそれを「地表（地形学的）分水界」、地下水のほうを「地下水（水文学的）分水界」と呼び分けることもある。場所によっては、少し位置がずれている場合もあるが、普通は一致していると考えてさしつかえない。

つまり二本の川があれば、必ずその間には分水界（嶺）があることになる。そういう意味では、日本列島のどこにでも分水界（嶺）があるといってもよい。そこで一般に分水嶺というときには、「中央分水界（嶺）」または「大分水界（嶺）」を指すことが多い。

「中央分水界」とは、太平洋に注ぐ川と日本海に注ぐ川の分水界である。日本列島に降る雨粒は、ある場所では太平洋へ、またある場所では日本海へと流れ、お互いにふたたびめぐり合うことはない。この境界点を日本列島の北から南まで結んでできた一本の線が、中央分水界である。スケールは随分ちがうが、アメリカにあるContinental Divide（太平洋と大西洋の分水界）と同じものだ。

さらにこれに、瀬戸内海に注ぐ川と太平洋に注ぐ川の分水界など、中央分水界から分岐する主な支線を加えると、日本の分水界の主脈がすべて網羅できる。

これが本書のテーマである、総延長六〇〇〇キロにもおよぶ「大分水界」なのである。

知的遊戯としての分水嶺めぐり

大分水界のかなりの部分は「大分水嶺」として、日本列島の背骨にそびえ立っている。そのため、表と裏、陰と陽を分ける、気候や風土の境目の役割をになってきた。

分水嶺をはさんで植生や景色が大きく変わることがある。自然景観のみならず、風習、言語、産業、食文化などもちがってきたりする。知らず知らずのうちに、分水嶺が我々の生活に深く影響を与えてきているのである。

分水嶺は国境《くにざかい》として地域社会の生活圏を分断し、現在でもかなりの部分が県境や市町村境と重なっている。その裏返しとして、分水嶺を越えての人、物、情報の交流が、日本の歴史を陰で支えてきたともいえよう。

分水嶺を越える街道には、さまざまな歴史が刻みこまれ、碓氷峠や野麦峠など「歴史の道百選」や「日本百名峠」に選ばれた名所旧跡が少なくない。そしていまなお、分水嶺を貫く道路や鉄道をつくるために、人間と大自然とのドラマが繰り広げられている。

一方、分水嶺がはぐくんだ特異な景観や歴史は、松尾芭蕉から森村誠一まで数多くの文筆家たちのインスピレーションをかきたててきた。移り変わりの激しい日本の国土ではあるが、彼らの描いた世界が、そっくりそのままに残されているところも少なくない。

そのうえ、河川争奪や平地分水界など地理・地学的にユニークなポイントがたくさんある。最近では源流域に残された豊かな自然と相まって、新しい観光資源としての期待もふくらんできている。さらに、分水嶺がはぐくむ水源の森は数多くの名水を生みだし、さまざまな形となって我々の喉をうるおしてくれている。

分水嶺探しは地図を使った頭の体操

それでは、そんな多彩な魅力を秘めた分水嶺は、日本列島のどこにあるのだろうか。本書では巻頭と各章に分水嶺地図をつけてはいるが、できればその答えは一度自分で探してみてほしい。それが知的遊戯である分水嶺の旅の出発点だからだ。地図を眺めるのが好きな人なら、やりだすと結構はまってしまうこと請け合いである。

やり方は別に難しくない。できるだけたくさんの川が載っている日本地図を広げ、太平洋に注ぐ川と日本海に注ぐ川の境目を鉛筆でなぞっていけばよい。川と川の間隔が空いているところは、等高線から地形を想像しながら線引きをしていく。地図を使った、ちょっとした頭の体操（パズル）として、子どもといっしょにやるのも楽しいかもしれない。

地図を読むのにあまり慣れていない人には、地図帳（または二〇万分一地勢図）を使うことをおすすめしたい。等高線に色づけしてあったり、地形を立体的に表現してあるほうが分水嶺を見つけやすいからだ。それで物足りなければ、本書をガイド代わりにしながら、広域道路地図や分県地図を使って細かい分水界の位置を特定していくとよいだろう。

さらに詳しく知りたければ、あとは国土地理院発行の五万分一か二万五〇〇〇分一地形図と格闘するしかない。ただし、こういうことをやりだすのは、かなり症状が進んでいる証拠。最後には、現地を訪れて自分の目で確かめてみたいという衝動がわきおこり、分水嶺ハンティングに手を染めていくことになる。凝り性の人は、くれぐれもご注意を。

大分水界をめぐるお役所同士の対立

ところでこうやって分水嶺探しをしていると、だれもが必ず頭を悩ませるエリアがある。たとえば本州の最北部がそうだ。大分水界の起点を下北半島にすればよいのか、津軽半島にすればよいのか……。その答えは、津軽海峡を太平洋とみるか日本海とみるかでちがってくる。日本列島の端部では人によって線引きが変わってきてしまうのだ。

実際に、大分水界（中央分水界）については、わたしが知っているだけでも三つの説がある。

ひとつは、『日本国勢地図』（The National Atlas of Japan、建設省国土地理院編、日本地図センター）での大分水界である。日本に関するデータが満載されたこの地図帳は、大きくて（A1サイズ）重量感がたっぷりとあり（約六キロ）、大きな図書館に行けばお目にかかれるはずだ（現在はCD-ROMで提供されている）。「水系」のページに、流域面積五〇〇平方キロ以上の水系と分水界が記載されており、多様な日本の川の姿をひと目でとらえることができる。先ほどの疑問については、津軽半島説を採用している。

二つめは、「分水嶺サミット」（全国分水嶺市町村協議会主催）の資料に書かれた中央分水界である。こちらは逆に、下北半島説を採用しており、四国や九州においても『日本国勢地図』とはかなりちがった線引きをしている。なぜか書籍にはこちらの地図のほうがよく引用され、冒頭で述べた『ツーリングマップル』もこれをベースにしているようにみえる。

「旧建設省と市町村だったら、中央官庁のいうことのほうが正しいだろう」と思うのが、お上意識の強い日本人の悲しい性。ところが、分水嶺サミットは旧国土庁が後援していたから話がややこしい。「ここにも縦割り行政の弊害が……」と、いらぬ想像をしたくもなる。

さらに三つめの説を唱えている『日本の河川環境II』（環境庁自然保護局編、自然環境研究センター）は、旧環境庁が執筆しているというから、あきれてしまう。問題の海峡部分については海上保安庁の海域分けを基準としているらしく、特に紀伊半島から四国に至る分水界の位置が前の二つと大きく異なっている。

たったこれだけのことにさえ、四つの省庁の見解がそろわないとは、いったい日本のお役所はどうなっているのだろうか。中央省庁の再編後も事情は変わっておらず、逆にいえばこれでも不都合がないというのが、日本の分水嶺をめぐる現状なのである。

本書では、別に旧建設省の肩をもつわけではないが、『日本国勢地図』をベースにして話を進めることにする。それは、この説が直観的でわかりやすいというのもあるが、国土地理院の地図を信用しないのでは、なんのために税金を払っているのか馬鹿らしくなるからだ。

行政や研究者サイドではいろいろ見解があるのかもしれないが、我々がやりたいのは自然と人間のドラマに思いをはせる知的遊戯である。極端な話、各人が好きなように線引きをして、好きなように楽しんだって全然構わない。それに、「あっちだ、こっちだ」と分水嶺の位置をめぐって議論するのも、それはそれで楽しいものである。

地図を片手に分水嶺六〇〇〇キロの旅へ

さて、前おきはこのくらいにして、いよいよこれから全長六〇〇〇キロの分水嶺の旅へと案内していくことにしよう。

本書では、北は北海道宗谷岬から南は鹿児島県佐多岬まで、大分水界の大まかな位置を紹介しながら、分水嶺にまつわるとっておきのトピックスを披露していきたい。話題は、山岳、河川、森林、地学、文学、歴史、生活文化、交通などバラエティに富み、ありとあらゆる角度から分水嶺の魅力に迫っていくつもりである。

だからこれは大分水嶺の完全踏破記録でもなければ、洒落た紀行エッセイ集でもない。強いていうなら、大分水嶺という長大な未踏峰を紹介する〝知的エンタテインメント〟である。紙上で楽しむのはもちろん、実際に現地を訪れたときの想像の糧として活用してもらえればうれしい。

できればいつも使っている地図を手元に用意して、実際に分水嶺を追っかけながら読んでほしい。そうすれば、きっと楽しさがいちだんとアップするはずである。

［凡例］
※道路や峠の状況は常に変化しているため、取材時点と異なる場合がある。あらかじめご了承いただきたい。
※地名は原則として国土地理院発行の地形図に記載のものを採用し、例外として地元で使われているものを表記した。なお、標高は少数点以下四捨五入で表記した。

本文写真提供　梅沢俊、岡田敏昭、勝峰富雄、瀧渡尚樹、三重県観光連盟、渡邊怜

第一章　北海道編

大雪山系は大分水界の交差点

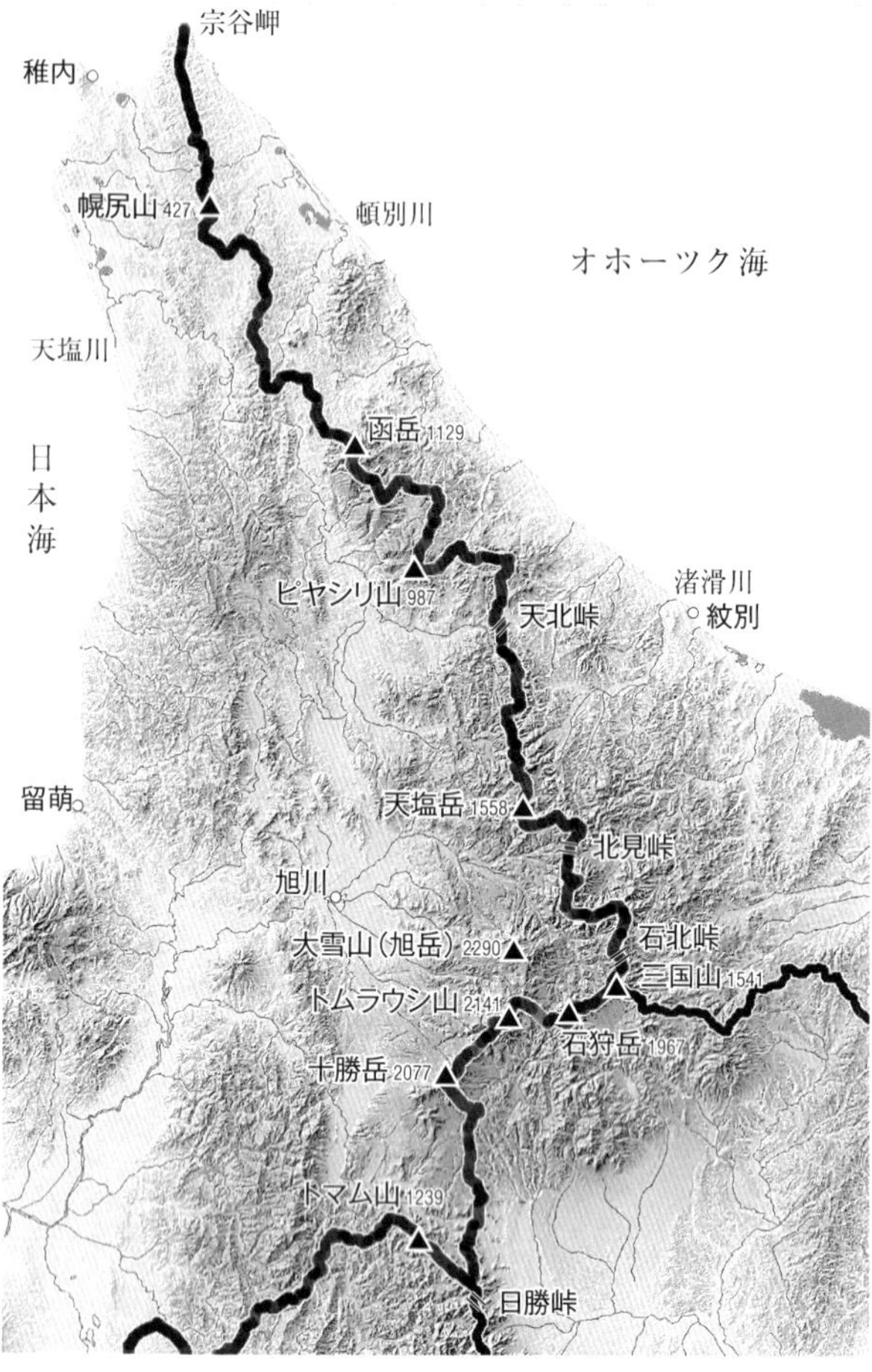
宗谷岬
稚内
幌尻山 427
頓別川
オホーツク海
天塩川
函岳 1129
日
本
海
ピヤシリ山 987
天北峠
渚滑川
紋別
天塩岳 1558
留萌
北見峠
旭川
石北峠
大雪山（旭岳）2290
三国山 1541
トムラウシ山 2141
石狩岳 1967
十勝岳 2077
トマム山 1239
日勝峠

1 遠く流氷を望む天北国境の大分水嶺

宗谷岬から天北国境をたどり北見峠へ

1　北海道の分水嶺を踏破したサラリーマン

北緯四五度三一分一四秒。はるか沖合いに遠くサハリンを望む日本最北端の宗谷岬から、大分水嶺の旅がはじまる。

短い夏は宗谷岬が一年で最も輝く季節だ。「日本最北端の地の碑」は多くの若者たちでにぎわい、そのかたわらでは、命をかけて海峡を渡った偉大な探検家・間宮林蔵の立像が北の海を見すえている。

喧騒の宗谷岬をあとに国道二三八号線（宗谷国道）を渡ると、静かな草原大地のゆるやかなうねりのなかを大分水界は進むようになる。宗谷丘陵は「周氷河性波状地」と呼ばれる一万年前の氷河期の地形の名残で、中部日本では高山にしかない地形が約四〇キロにわたって海岸近くに続いている。いかにも北海道らしい、のびやかな空間がどこまでも広がっている。

一九九二（平成四）年二月十二日、岬の明かりをめざして宗谷丘陵を歩く一人の登山者がいた。『北の分水嶺を歩く』（山と溪谷社）の著者・工藤英一氏である。

氏は、襟裳岬から宗谷岬まで水平距離にして六七〇キロあまりの大分水嶺を、のべ約一三〇日をかけて踏破した。全ルートのうち登山道があるのは、約一五パーセントにあたる一〇〇キロにすぎず、ほとんどは道のない稜線歩きになる。そのため、積雪期を利用して完全踏破をめざした。

といっても一三〇日をひと息に歩き通したのではなく、わずかな正月休みや春の連休を利用しながら、少しずつ「尺とり虫方式」で一七年もの年月をかけてこの偉業を達成している。「どんなに強靭な意志の持ち主なんだろう」と思いきや、作業療法士という特殊なお仕事をされてはいるものの、ごく普通のサラリーマンで、ごく普通の父親なのに驚かされてしまう。

著書には、正月に家族を残して一人で山歩きをする後ろめたさや、下界の誘惑に負けてあっさりルートからはずれるくだりが正直に書き記されている。そのおかげで、とても人間味あふれる読み物として仕上がっているので、ぜひ一度手にとってみてほしい。

氏のほかにも、細川舜司氏、福田忠氏、近藤善則氏、上野信弥氏など、大分水嶺ばかりを歩き続けている岳人がポツポツいるようだが、さすがに六〇〇〇キロを完全踏破したという報告はまだ聞いていない。本書を最後まで読んでもらえればわかるように、日本にはこんなに素晴らしい未踏ルートがいまだに残されている。全国の山好きの皆さん、思わずチャレンジしたくなりませんか？

ただし、道なき道を何千キロも歩くというのは肉体的にも精神的にもかなりきつく、記録をねらうためにやるのであれば、かなり悲壮なことになるようだ。第一、そんなことをしていたのでは、分水嶺を楽しむ余裕なんて生まれてこない。

だからここはのんびりと構え、好きなときに好きなところを歩き、気がついたら歩いていたというほうが精神的に楽なような気がする。関西弁でいえば〝ボチボチ〟やるのが、大分水嶺を歩く正しいスタイルではないだろうか。

宗谷岬　稚内から国道二三八号線を枝幸方面へ約三〇キロ。またはＪＲ宗谷本線稚内駅からバスで約五〇分。

2　酷寒の分水嶺にきらめく太陽の灯火

宗谷丘陵をぬけた大分水界は、宗谷支庁の支庁界に横たわる山をつたいながら、南へと進んでいく。まず、音威子府の近くにある天北峠（一八〇メートル）で札幌と浜頓別を結ぶ国道二七五号線を渡る。さらに宗谷支庁でいちばん高い函岳《はこ》（一一二九メートル）を越え、網走支庁と上川支庁の支庁界に沿って進むようになる。

日本最北の高層湿原である美深松山湿原を横目に南へ向かえば、やがてピヤシリ山（九八七メートル）の頂に達する。そのふもとには、〝日本一雪質がよい〟という大胆なキャッチフレーズをもつ名寄ピヤシリスキー場がある。ここは大分水界に隣接するスキー場のなかで、最も北にあるゲレンデだ。

名寄ピヤシリでは、厳冬期に「サンピラー（太陽柱）」と呼ばれる大変珍しい現象が見られる。

このあたりは北海道でも寒さの特に厳しいところであり、大気中の水蒸気が凍結して舞う「ダイヤモンドダスト」現象がおこる。氷点下二〇度前後の晴れた朝、このダイヤモンドダストが太陽光に反射して輝いて見えるのが、サンピラー現象である。

ファンタスティックなそのさまは、まるで大きな光の柱が大地から天空に向けてそびえ立っているようである。見方を変えれば、宇宙船が大地に着陸するときに発する光線のようにも見える。まさに酷寒の分水嶺にきらめく太陽の灯火といってよいだろう。

厳冬期であればいつも見られるわけではなく、気温、ダイヤモンドダストの濃度、太陽の角度などの条件がそろったときにしか現われないらしい。冬の風物詩として全国放送のテレビ番組で紹介されることもあるが、あれはかなり悲壮な決意で撮った映像のようである。

名寄ピヤシリ　名寄から道道九三九号線をピヤシリ山方面へ約一〇キロ。またはJR宗谷本線名寄駅からバスで約二〇分。

サンピラー現象　六角状の氷晶（微細な雪の結晶）が六角の面を地表面に対してほぼ水平にしてゆっくりと落下していく。この面が太陽光を反射して人々の目に入り、氷晶が垂直方向に並ぶことにより、光の柱ができる。

3　最北の大河の源流をきわめた偉大な探検家

ピヤシリ山を過ぎた大分水界は、北見山地の北端にある毛鐘尻山《けがねしり》（九一六メートル）をかすめて、天北峠（三〇〇メートル）で国道二三九号線（天北国道）を越える。

さらに、豊富な残雪が生みだす氷のトンネルで有名なウエンシリ岳（一一四二メートル）をへて、利尻山を除いた道北地方の最高峰である天塩《てしお》岳（一五五八メートル）にいたる。

天塩岳は、道内で二番目、全国第四位の長さをほこる天塩川の水源にあたる。宗谷丘陵の南端からこの天塩岳まで、大分水界の西側はすべて天塩川の流域となっている。さすが「日本最北の大河」と呼ばれるだけのことはある。最近では、堰のないコースとして日本一長い距離が下れることから、カヌーイストたちの間で人気が高い。

この川で忘れてはいけないのが、幕末の蝦夷地探検家、北海道の名づけ親としても知られた松浦武四郎である。

松浦武四郎は、二十八歳のときから六回にわたり蝦夷地の調査を重ねた。伊能忠敬や間宮林蔵が主に海岸部の地形を明らかにしたのに対して、彼は海岸から川筋に沿って内陸部に入り、驚くほど正確な地図を作りあげた。

四十歳の夏には、日本海に面した天塩川の河口から一九一キロ上流まで、二週間かけて遡っている。最上流到達地とされている士別市士別町には、彼の功績をたたえる碑が立てられている。

本当の源流は、その碑からさらに六〇キロ上流にある天塩岳の直下にある。とはい

間宮林蔵の像が立つ宗谷岬から大分水嶺の旅が始まる

天塩川の上流にそびえる天塩岳

え、わずかな装備と食料をたよりに原始の大河の源流に分け入る勇気には感嘆するしかない。まさに〝源流ウォーク〟の草分け的存在といってよいだろう。

このように命がけで北海道の大自然を調べたにもかかわらず、著作の一部は江戸幕府から刊行を許されなかったそうだ。著作を通じて彼は、自然とともに生きるアイヌ民族に加えられた卑劣な暴力をあばき、その救済を訴えたからである。

彼の勇気は大自然だけではなく社会にも向けられた。何物にもとらわれない真の自由人の姿がそこにある。先の二人の探検家に比べてやや知名度が劣る松浦武四郎だが、こういう時代だからこそもっと注目されてよいのではないだろうか。

天塩岳　天塩川の源流にそびえる北見山地の最高峰。旭川から登山口まで国道三九号線・道道一〇一号線を天塩岳方面へ約八〇キロ。山頂まで徒歩約四時間。
天塩川上流　最高到達点の碑。旭川から国道四〇号線・道道六一号線を滝上方面へ約七〇キロ。

4　北の大地に染みこんだ囚人たちの汗と涙

天塩岳をさらに南へ進むと、国道二七三号線（渚滑国道）浮島《うきしま》トンネル（長さ三三三二メートル）の上にある浮島湿原を越える。さらに北見峠（八三〇メートル）

で、旭川と網走を結ぶ大動脈のJR石北本線と国道三三三号線（遠軽国道）を渡り、北海道随一の大河である石狩川の水系へと入っていく。

北見峠には立派な展望台がつくられ、たくさんの人が美しい山並みを眺めている。しかし、いったいどれくらいの人が、この道路が北海道の道路開拓史上最も悲惨な〝死の道路〟であることを知っているのだろうか。

『北海道　道路五三話』（北海道新聞社編、北海道新聞社）によれば、一八九一（明治二十四）年に旭川と網走を結ぶ北見道路（中央道路）の建設にあたって、網走—北見峠間一六〇キロの工事が計画されている。

森林地帯を貫くこのルートは、山道ばかりの難工事が予想されたにもかかわらず、春からはじめて雪が降るまでのわずか半年間で完成させなければならなかった。そこで、一〇〇〇人を超える網走集治監（刑務所）の囚人たちが駆り出されることになった。

集められた囚人たちは、午前四時から遅いときは夜中の二時まで、文字どおり不眠不休で働かされた。しかも食料不足のためだれもが栄養失調になり、次々と病気や過労で倒れていった。逃げだしたくても、重い鎖をつけられていては深い森を走ることもかなわず、ただひたすら働くしか生きる道はなかったのである。

その結果、わずか七カ月の間に、じつに二〇〇人以上もの囚人が道路建設の礎となったといわれている。まさにこの世の生き地獄であっただろう。

死者の多くは鎖をつけたまま道端に埋められ、おびただしい数の無縁塚ができたそうだ。その一部がいまでは鎖塚と呼ばれて端野《たんの》町の緋牛内《ひうしない》に残っている。道路の一部である国道三三三号線には「囚人道路」という呼び名がつけられ、悲劇の跡を後世に伝えている。

浮島湿原　大小七〇あまりの沼の間に浮島があり、神秘的な雰囲気を醸し出している。春から秋にかけてハイキングを楽しむことができる。旭川から国道三九号線・国道二七三号線を紋別方面へ七〇キロ。

北見峠　旭川から国道三九号線・国道二七三号線を遠軽方面へ約六五キロ。

---

2 日本一の大河を生みだす北海道の屋根

三国峠から大雪山系をめぐりトマムへ

5 日本百名峠をめぐる大分水嶺の旅

北見峠をあとにした大分水界は、層雲峡の絶壁の後ろにある尾根をつたいながら、北海道の屋根に入っていく。

まずは、エゾマツやダケカンバなどの鬱蒼とした大樹海が広がる石北峠（一〇五〇メートル、日本百名峠）で、旭川と網走を結ぶもう一本の幹線道路である国道三九号線（大雪国道）と交わる。国道三九号線は、大雪山国立公園の観光拠点である層雲峡から、網走や屈斜路湖などの道東のスポットへぬける観光ルートである。

石北峠は井出孫六氏の『日本百名峠』（マリンアド）に数えられた名峠のひとつである。『日本百名峠』は、全国千余の峠のなかから選びだした一〇〇の名峠を、峠に埋もれた歴史にスポットライトをあてて紹介した紀行文集である。大分水界上には三八の日本百名峠があり、この本は分水嶺ハンティングの心強いガイドブックになってくれる。

その序文には「峠の死は、鉄道の布設とともに始まり、急速に人間の生活の表から姿を消していった」と書かれてある。まったくそのとおりで、すでに昔の面影をすっかりなくしてしまった峠がいたるところにある。逆に道路や鉄道ができたおかげで、時代の脚光を浴びるようになった峠もある。

石北峠からほど近い三国山（一五四一メートル）の肩にある三国峠は、後者にあたる峠のひとつといってよいだろう。

三国とは上川、網走、十勝の支庁を指しており、それぞれの国を分けている三本の大分水界がここで一点に集まっている。まさに北海道の大分水界の交差点といったところで、日本海に注ぐ石狩川、太平洋に注ぐ十勝川、オホーツク海に注ぐ常呂《ところ》川の共通の源流部となっている。

糠平《ぬかびら》湖と大雪湖を結ぶ国道二七三号線（糠平国道）は、かつては北海道をツーリングする若者たちに人気のあるコースであった。大雪山系を縦断するきつい山道であるにもかかわらず、ゆったりとしたカーブの道幅の広い砂利道が続いていた。通る車が少ないこともあって、ダートを思いっきり飛ばせる日本でも数少ない山岳ルートのひとつだった。

峠の直下にある三国トンネルの前後はそのハイライトであり、北海道の国道の最高所（一一三九メートル）でもある。一九九四（平成六）年に完全舗装され、やや平凡なスカイラインになってしまったが、はてしなく広がる原生林を眼下にしての爽快感はいまも変わらない。北海道屈指といってもいいすぎではないだろう。

石北峠　旭川から国道三九号線を北見方面へ約九〇キロ。
三国峠　旭川から国道三九号線・国道二七三号線を上士幌方面へ約一〇〇キロ。

6　豪快な山歩きが味わえる大雪山系縦走コース

三国峠を越えると、いよいよ大雪山系核心部の縦断にかかる。ユニ石狩岳から化雲《かうん》岳、トムラウシ山、十勝岳を通って上ホロカメットク山にいたる大雪山の大分水界。ここは大分水界をみずからの足でたどれる、数少ないコースのひとつだ。

全長六〇〇〇キロにもおよぶ日本の大分水界だが、稜線上に登山道があるところは意外に少なく、まとまった距離となるとエリアが限られてくる。いちばん長いのが、一〇〇キロ近くを通して歩ける八ヶ岳中信高原と鈴鹿山脈である。大雪山系は約六〇キロで第三位。そのあとは八幡平～秋田駒ヶ岳、上越国境、奥秩父など、四〇～五〇キロのコースが続いている。

距離はともかく、登山の醍醐味という点では、やはり大雪山がナンバーワンではないだろうか。宿泊施設がとぼしいため、だれでも気軽に縦走できるというわけにはいかないかもしれない。しかしながら、その一部だけでも味わってほしい、第一級の大分水嶺トレッキングコースである。ルートの詳しい解説は山岳ガイドブックにまかせるとして、大分水界がどこを走っているかを中心にコースを紹介していこう。

起点は三国峠から見上げるユニ石狩岳（一七五六メートル）。そこから東大雪の玄関口のひとつである十石峠《じっこく》（一五七〇メートル）を通り、音更山《おとふけ》（一九三二メートル）を越え、石狩連峰の主峰・石狩岳（一九六七メートル）にいたる。

大雪山というと、火山特有の丸い山並みと広大な溶岩台地が織りなすスケールの大きい地形を思い浮かべる人が多いようだ。ところが、非火山性である石狩連峰は、濃い針葉樹におおわれた男性的な山容が特徴である。

石狩岳からは川上岳（一八九四メートル）をへて、池塘が点在する楽園・沼ノ原の高層湿原の南端をたどっていく。このあたりは大雪山系のほぼ中心地で、まわりを表大雪から東大雪にいたる二〇〇〇メートル級の山並みが取り囲んでいる。なかでもトムラウシを背景にした大沼の光景は、絶好の撮影スポットとして人気が高い。

大雪山・北海岳付近から、はるかトムラウシ山を望む

沼ノ原を過ぎると高山植物が咲き乱れる五色ヶ原を通って、なだらかな五色岳（一八六八メートル）にいたる。さらに、頂上の岩塔がめだつ化雲岳（一九五四メートル）から日本庭園と呼ばれる景勝地帯を越え、トムラウシ山（二一四一メートル、日本百名山）へと登りつめる。表大雪と十勝連峰の結接点でもあるトムラウシ山は、旭岳に次いで北海道で第二位の標高をもつ秀峰で、山頂からの展望はまさに豪快そのものだ。

トムラウシ山をあとにすれば、ツリガネ山（一七〇八メートル）、コスマヌプリ（一六二六メートル）をつたいながら、南北に連なる十勝の山々へと入っていく。鷲が羽を広げて休んでいるようなオプタテシケ山（二〇一三メートル）を過ぎ、美瑛岳（二〇五二メートル）と新旧の火山を通って、十勝連峰の主峰でいまなお噴煙をあげる十勝岳（二〇七七メートル、日本百名山）に到着する。そして大雪山大分水嶺縦走コースの最後を飾るのが、荒々しい火口を見下ろす上ホロカメットク山（一九二〇メートル）である。

山慣れた人なら四泊五日くらいの行程だろうか。一部の区間では大分水界が縦走路からはずれているものの、ほぼ線上をトレースしながら歩けるはずだ。ついでにいえば、大雪山で人気の高い「表大雪縦走路」は石狩川の流域にスッポリ含まれ、残念ながら大分水界からはずれている。

美瑛《びえい》富士（一八八八メートル）、美瑛岳

東大雪　帯広から十石峠の登山口まで国道二七三号線・音更川本流林道を石狩岳方面へ約八五キロ。石狩岳まで音更山経由で徒歩約七時間三〇分。

表大雪南部　JR函館本線旭川駅から天人峡温泉までバスで約一時間。化雲岳まで徒歩約七時間三〇分。またはJR石勝線新得駅からトムラウシ温泉までバスで約一時間三〇分。トムラウシ山まで徒歩約七時間。

十勝連峰　JR函館本線旭川駅から白金温泉までバスで約一時間三〇分。十勝岳・美瑛岳までともに徒歩約四時間三〇分。

7　日本一の大河は石狩川だった？

大雪山国立公園は、神奈川県に匹敵する面積をもつ日本最大の国立公園である。大雪山の語源となったヌタプカウシュペは「川がめぐる上の山」という意味であり、大分水界の北西側は石狩川水系、南東側は十勝川水系となっている。ここは北海道で一、二位を飾る大河の源流部が背中合わせにあるエリアなのだ。

ところで皆さんは「日本一の大河」といわれると、どの川を思い浮かべるだろうか。おそらく学校では、長さでは信濃川、大きさ（流域面積）では利根川と習ったはずだ。ところが、これはあまり正確とはいえない。本当は石狩川なのである。

その昔石狩川は、イシカリペッ（「非常に屈曲する川」の意味）の名のとおり、原始の姿そのままに蛇行を繰り返し、大きな石狩平野をわがもの顔で悠々と流れていた。ところがその貫禄が災いして、たび重なる氾濫をまねき、人々を苦しめてきた。

そこで、洪水をできるだけ早く海に流そうと、曲がりくねった川道をまっすぐにする改修工事が、約七〇年にわたって続けられた。そのため、石狩川は一〇〇キロ以上も短くされ、かつての七〇パーセントの長さになってしまったのである。

現在では日本第三位の長さしかない石狩川（全長二六八キロ）だが、明治時代までは三七〇キロもあり、日本一の信濃川（全長三六七キロ）と互角の戦いをしていたのだ。

これが流域面積の勝負となると、もっとはっきりしている。あとで詳しく述べるが、現在第一位である利根川は「瀬替え」と呼ばれた流路の人工的な変更により、流域面積が七〇パーセントも水増しされている。これでは反則勝ちと非難されても反論のしようがない。

もし利根川（一万六八四〇平方キロ）の流域面積を七〇パーセント減らしたなら、あっけなく四位に転落してしまう。そして、石狩川（一万四三三〇平方キロ）が現在三位の信濃川（一万一九〇〇平方キロ）を大きく引き離して、ダントツの一位に躍り出る。

石狩川の名誉のためにも、あらためて声を大にしていいたい。石狩川こそが日本の川の真のチャンピオンなのである。

日本の河川ベスト10 ●総延長＝①信濃川 ②利根川 ③石狩川 ④天塩川 ⑤北上川 ⑥阿武隈川 ⑦最上川 ⑧木曽川 ⑨天竜川 ⑩阿賀野川 ●流域面積＝①利根川 ②石狩川 ③信濃川 ④北上川 ⑤木曽川 ⑥十勝川 ⑦淀川 ⑧阿賀野川 ⑨最上川 ⑩天塩川

8　大分水嶺に開かれた一大ウインターリゾート

上ホロカメットク山をあとにした大分水界は、大雪山系の針葉樹林帯のなかを佐幌岳（一〇六〇メートル）へと駆け降りていく。一般の人には「佐幌」と漢字で書くより「サホロ」とカタカナで書いたほうがピンとくるかもしれない。スキーヤーにおなじみのサホロリゾートスキー場のある山である。

サホロでは山頂直下（一〇三〇メートル）からの約三キロのダウンヒルが人気を集めている。そのスタート地点から少し足をのばせば、大分水界である佐幌岳の頂上に立てる。

サホロをはじめ全国には大分水界にリフトで上がれるスキー場がたくさんある。なかには大分水界がゲレンデのなかを通過している珍しいところもある。

こういうと「分水嶺はみずからの足できわめてこそ味わい深いものがある」との硬派な意見が聞こえてきそうな気がする。それはそうだが、いつも肩ひじ張っているのも少々疲れる。それに大分水界から眺める茫々と連なる白い山並みを、一部の登山者に独り占めさせるのはもったいない。スキー場も、軟派系お手軽スポットとしてどんどん紹介していきたい。

佐幌岳を少し南へ下ると、国道三八号線（狩勝国道）とJR根室本線を、その最大の難所である狩勝峠《かりかち》（六四四メートル、日本百名峠）で越える。狩勝峠といえば、今度は鉄道ファンの出番だ。ここはJR篠ノ井線姨捨とJR肥薩線矢岳越えと並ぶ「日本三大車窓」のひとつ。いずれもスケールの大きい眺望が我々を楽しませてくれる鉄道名所である。

三大車窓のなかで大分水嶺を越えるのは、この狩勝峠だけだ。落合側からトンネルをぬけたとたんに目に飛びこむ重なり合った大地のうねりに、感嘆の声をあげない人はいないだろう。一九六六（昭和四十一）年に新狩勝トンネル（全長五六四八メートル）ができる前はさらに迫力があったそうだが、いまでも北海道の大自然の広がりに圧倒されてしまう。全国の大分水嶺のなかでも指折りの眺望である。

狩勝峠を過ぎてさらに南へ行く大分水界は、日勝峠の手前で一八〇度ターンをして、JR石勝線を越えてトマム山（一二三九メートル）のある石勝高原をめざすようになる。

アルファリゾート・トマムも山頂直下（一二一〇メートル）までリフトで登れ、ほんの少し歩けばそこが大分水界だ。一度は経営破綻の憂き目に遭うも星野リゾートの力を借りて見事に再生を果たし、ゲレンデの楽しさと脅威的な寒さ（？）はちっとも変わらない。映画『鉄道員（ぽっぽや）』の舞台となったJR幾寅駅という観光地も近くにある。もともと自然がとても濃い地域なだけに、トレッキングやフィッシングなど冬以外のアウトドアレジャーも充実している。ついでに〝分水嶺ウォーク〟なんてメニューも宣伝してみてはいかがだろうか。

サホロリゾート　帯広から国道三八号線を富良野方面へ約五〇キロまたはJR石勝線新得駅からバスで約一五分。
新狩勝トンネル　札幌からJR千歳線・JR石勝線で新得方面へ約二時間。
アルファリゾート・トマム　帯広から国道三八号線・道道一一一七号線・道道一三六号線を占冠方面へ約八〇キロ。またはJR石勝線トマム駅からバスで約五分。

3

千歳空港から支笏・洞爺湖をへて松前半島へ

北海道の大分水界は日本一のオンパレード

9　千歳空港は日本で最も低い大分水界か？

大分水界は、金山峠（五二〇メートル）で国道二三七号線（富良野国道）を渡り、夕張山地の南端をかすめていく。そこからJR石勝線とからみあいながら、空知《そらち》と胆《い》振《ぶり》の支庁界に沿って西へと進んでいく。

南千歳と新得《しんとく》を結ぶJR石勝線は、全部で四回も大分水界と交差するとても珍しい路線だ。新得―トマム間で二回（一回は狩勝トンネル）、楓―占冠《しむかっぷ》間（登川トンネル）、東追分《ひがしおいわけ》―川端間の合計四回である。こんなにも大分水界と交差する路線はほかになく、日本随一の大分水嶺横断鉄道といえる。

ただし、この路線はトンネルだらけのうえに鉄道と大分水界のからみ方がとても複雑だ。地図と車窓から見える景色に目をこらし、方向感覚をしっかりもっていないと、

トマム山 1239
夕張岳 1668
札幌
日勝峠
長万部岳
973
後方羊蹄山
1898
恵庭岳
1319
支笏湖
狩場山
1045
昆布岳
1045
千歳空港
美笛峠
洞爺湖
苫小牧
礼文華峠
樽前山 1041
美利河峠
室蘭
遊楽部岳
1277
駒ヶ岳
1131
函館
大千軒岳
1131
太平洋
大間岬
白神岬
津軽海峡
下北半島
龍飛岬

水がどちらに流れているのかさっぱりわからなくなってしまうだろう。

ようやく平野部へと下りてきた大分水界は、追分町でJR室蘭本線と国道二三四号線（早来国道）を越え、石狩平野から勇払原野にかけての低地帯（石狩低地）の横断にかかる。このあたりはほとんど起伏のない平野部を大分水界が通るため、地形図を見ても、現地を訪れても、その位置がよくわからない。

地形図ではJR千歳線を渡ったあと、千歳空港のなかを通って、支笏《しこつ》湖方面へぬけているように見える。実際には、大雨の日に滑走路の水がどちらに流れるかを観察してみないと、はっきりとしたことはいえない。もっとも分水界を見つける前に飛行機にひかれるか、警備員に取り押さえられてしまうだろうが……。

分水界というと山や尾根（分水嶺）を想像しがちだが、そうとばかりはいえない。平地や谷あいにある場合も多く、それぞれ「平地分水界」「谷中《こくちゅう》分水界」と呼ばれている。また、ほとんどが人工的につくられたものだが、一本の川が二手に分かれる「水中分水界」の場合だってある。

このあたりは典型的な平地分水界で、いちばん低いところでは海抜わずか二〇メートルくらいしかない。こんなに低いところを大分水界が走っている地点は、日本中探してもほかにない。どうみても千歳空港のあたりが日本でいちばん低い大分水界になるようだ。

大分水界のすぐ北にある千歳川は、石狩川に合流して日本海へと注ぐ川だ。ところが、千歳川と太平洋に流れる美々川との間に水路をつくり、洪水時には本来とは逆コースとなる太平洋に流そうという乱暴な計画があった。いわゆる「千歳川放水路計画」である。

幸いにも、市民や環境保護団体の粘り強い運動が実り、計画は中止に追いこまれた。こういうとんでもない発想が生まれるのも、このあたりが日本一低い大分水界だからである。

ＪＲ石勝線　札幌発の帯広・釧路方面の特急を利用。南千歳―新得間がＪＲ石勝線。
千歳空港　札幌から国道三六号線を苫小牧方面へ約四〇キロ。またはＪＲ千歳線で約四〇分。

10　支笏・洞爺湖で大分水界の位置がちがう理由

支笏洞爺《とうや》国立公園に入った大分水界は、支笏湖を迂回するかのように南側の外輪山を通り、美笛峠（六三〇メートル）で国道二七六号線（支笏国道）と交わる。

支笏湖は火山の噴火口に水がたまってできたカルデラ湖で、深さは日本第二位。日本第四位の透明度をほこる湖面には、山頂部に大きな火山ドームをもつ大分水嶺・樽前《たるまえ》山（一〇四一メートル）が映っている。

大分水界は美笛峠からさらに西へ進み、大滝村の中心部を縦断しながら洞爺湖に近づいていく。おもしろいことに今度は、洞爺湖の北側の外輪山を大分水界が通っている。そのため、支笏湖と洞爺湖の間でたすきがけをしたような形になっている。

すぐ近くにあり、よく似た形で、同じ火山性の湖である支笏湖と洞爺湖。なのに、大分水界を通る位置がまったく逆なのはどうしてなのだろうか。

位置的に考えれば、どちらも太平洋のすぐそばにあるので、大分水界は湖の北側を通るほうが自然だろうと思われる。ではなぜ、支笏湖では南側になったのだろうか。その秘密はどうやら石狩低地の生い立ちにあるようだ。

『新版　日本の平野と海岸』（貝塚爽平ほか、岩波書店）によれば、その昔石狩低地のあたりは、石狩平野から太平洋に向かって低くなる大きな谷だったらしい。このときは石狩川も太平洋へ注いでいた。

それが、いまから約三万年前に支笏の火山が大噴火して、噴出した膨大な軽石で谷を埋めてしまった。しかたなく、せき止められた石狩川はやがて日本海へと注ぐようになった。

つまり支笏火山が、石狩川流域と勇払川流域を分ける分水界をつくったのである。支笏は、みずからの噴火により、分水界を南側に移動させてしまったというわけだ。石狩低地で分水界が極端に低いのも、こういう事情によるものである。

このように分水界に深く分け入ることで、自然の営みがいつも我々の想像をはるかに超えたスケールで繰り広げられていることに気づき、感心させられてしまう。これだから分水嶺ハンティングはやめられない。

支笏湖　札幌から国道三六号線・道道一一七号線を苫小牧方面へ約六〇キロ。またはJR千歳線千歳駅からバスで約四〇分。

洞爺湖　札幌から国道二三〇号線を室蘭方面へ約九〇キロ。またはJR函館本線洞爺駅からバスで約一五分。

11　海岸までわずか三〇〇メートルにせまる大分水界

札幌と洞爺湖を結ぶ国道二三〇号線（中山国道）を横切り、昆布岳（一〇四五メートル）を過ぎると、大分水界はぐんぐんと太平洋に接近していく。

礼文華《れぶんげ》峠（二九〇メートル）から静狩峠（二〇〇メートル）にかけては、ほとんど海岸線ギリギリまで大分水界がせまっている。そのわずかな隙間をぬって、室蘭と長万部《おしやまんべ》を結ぶ国道三七号線（静狩国道）とJR室蘭本線が走っている。道路も鉄道も奇岩・怪石が連なる崖のすぐ近くを通っているので、まさかそんなところに太平洋と日本海の境目があろうとはだれも思わないだろう。

大分水界が海岸線に最も近づくのは礼文華トンネル西側の小幌海岸のあたりで、その距離はたったの三〇〇メートルくらいしかない。

ところが反対の日本海にいちばん近い地点までは直線距離にして三〇キロはあるから、一対一〇〇というものすごい片寄り方だ。礼文華峠のあたりに降った雨の半分は、目と鼻の先にある太平洋の潮風を感じながらも、一〇〇倍も遠い日本海をめざして延々と旅を続けさせられているのである。

大分水界というと、だれしも日本列島の中心を走っているようなイメージをもつようだ。ところが実際には、このように海のすぐそばを通るポイントが、福井・滋賀県境や愛媛・徳島県境などいくつかある。そのなかでもこれほど海に接近するところはなく、日本一海岸線に近い大分水界といってよいだろう。北海道の大分水界は、日本一のオンパレードなのである。

――礼文華峠　室蘭から国道三七号線を長万部方面へ約六〇キロ。――

千歳空港付近の日本で一番低い大分水嶺

海のすぐ近くの大分水嶺・礼文華峠を列車で通過

12 清流と砂金の街から北海道最南端の岬へ

静狩峠を過ぎれば大分水界は海岸線を離れ、函館と札幌を結ぶ北海道の大動脈である国道五号線（羊蹄国道）とJR函館本線を越える。ここからは、ほぼ檜山《ひやま》・渡島支庁界に沿って進むようになる。長万部岳（九七三メートル）から美利河《ぴりか》にかけては、二股ラジウム温泉や奥美利河温泉を両脇に見ながら、利別川の源流部を通り、美利河で国道二三〇号線（今金国道）を渡る。

このあたりはブナの原生林と清涼感あふれる渓谷が素晴らしい別天地だ。利別川はかつて旧建設省が「清流河川のベストワン」に選んだ日本有数の清流である。利別川源流にあるカニカン岳（アイヌ語で「黄金」の意）は、砂金採取によって開かれた夢の山であり、ふもとの今金町という名前にもゴールドラッシュでにぎわった当時の面影がしのばれる。

美利河を過ぎたあとは、渡島半島のほぼ中心を南へと進んでいくのだが、正直いってこのあたりはあまり見るべきものがない。

ブナ林が美しい遊楽部《ゆうらっぷ》岳（一二七七メートル）を西に見ながら、国道二二七号線（大野国道）の中山峠（三四〇メートル）付近から松前半島に向けて進路をとり、函館と江差《えさし》を結ぶＪＲ江差線を越える。蝦夷キリシタンの悲話が残る大千軒岳《だいせんげん》（一〇七二メートル）をひと登りすると、あとは津軽海峡に向けて高度を落としながら、北海道最南端の白神岬をめざしていくのである。

美利河　函館から国道五号線・国道二三〇号線を長万部方面へ約一〇五キロ。
白神岬　函館から国道二二八号線を松前方面へ約九〇キロ。

4 三つの国立公園をつなぐ大分水界の支線

大雪山系から知床岬と襟裳岬へ

13 ロマンチックな高原列車が大分水嶺を越える

宗谷岬から白神岬までを大分水界の本線とすれば、北海道には本線から分岐する支線が二本ある。

一本は、オホーツク海と太平洋を分ける分水界である。大雪山を起点に知床岬まで結ぶライン※で、網走支庁と釧路・根室支庁との境界線とほぼ一致している。分水界の南側は、十勝川、釧路川といった道内有数の河川の流域となっている。まずはこちらの支線から紹介していきたい。

話を、大分水界の交差点である三国山にまで戻そう。

網走支庁界に沿って三国山から原生林のなかを西へ向かっていけば、かつて釧北信号線所があったところで旧「北海道ちほく高原鉄道ふるさと銀河線」と交差する。ま

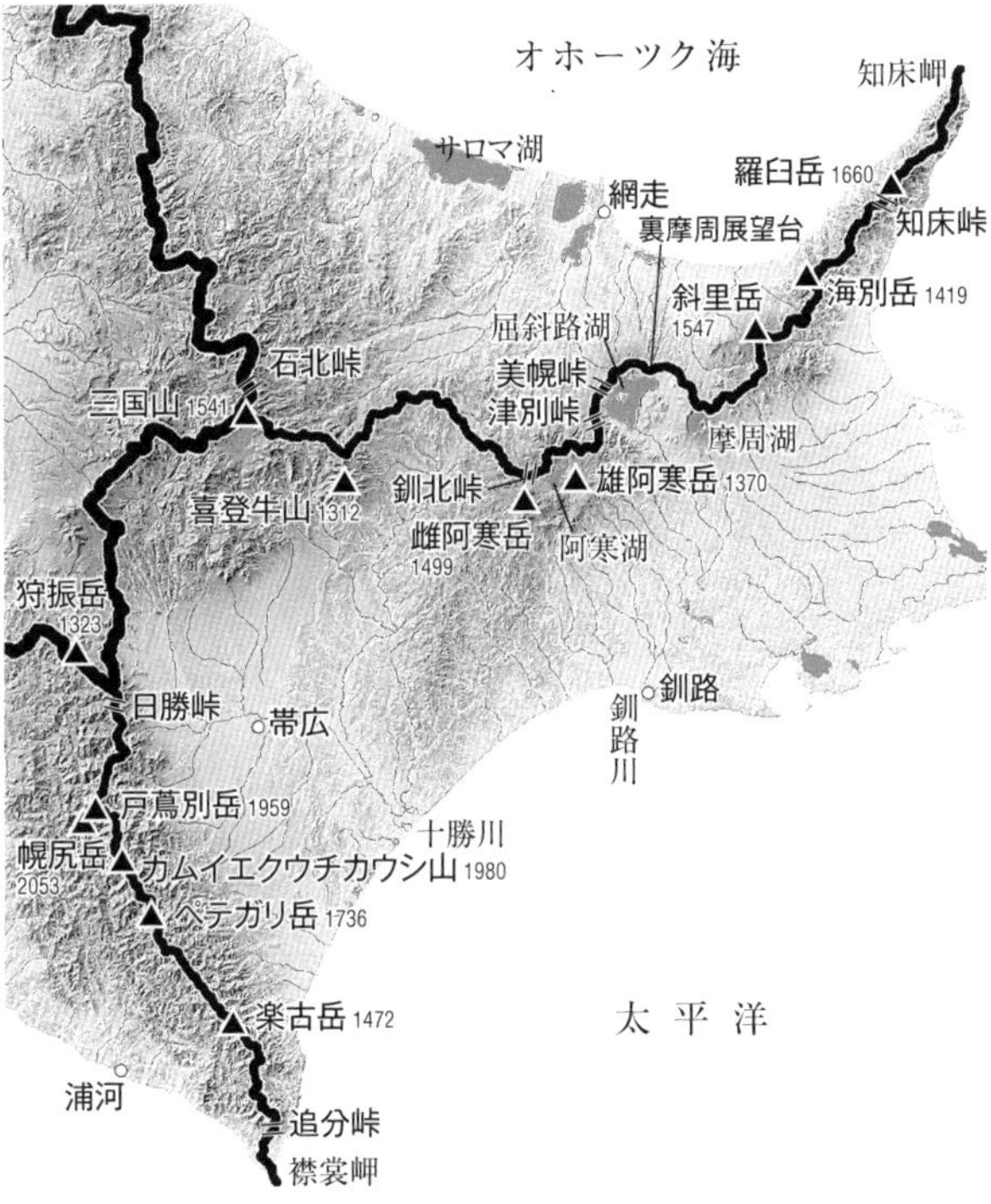

オホーツク海
知床岬
サロマ湖
羅臼岳 1660
網走
知床峠
裏摩周展望台
海別岳 1419
斜里岳
1547
屈斜路湖
石北峠
美幌峠
三国山 1541
津別峠
摩周湖
雄阿寒岳 1370
釧北峠
喜登牛山 1312
雌阿寒岳
1499
阿寒湖
狩振岳
1323
日勝峠
釧路
帯広
釧路川
戸蔦別岳 1959
十勝川
幌尻岳
2053
カムイエクウチカウシ山 1980
ペテガリ岳 1736
楽古岳 1472
太平洋
浦河
追分峠
襟裳岬

るでおとぎの国から飛び出してきたような名前だが、その正体は池田と北見を結ぶ国鉄池北線を受け継いだ第三セクター鉄道である。

旧池北線は、一九一一（明治四十四）年に全通した北海道でも歴史のある路線で、かつては旭川・札幌方面と網走を結ぶ大動脈であった。それが、石北線の開通や道路網の発達により需要が減り続け、一九八九（平成元）年に第三セクターとして再出発した。

しかしながら、このあたりは日本で最も寒い地域であり、大分水界のすぐそばには某自動車メーカーの寒地テストコースがあるくらいだ。付近の過疎化が進むなか経営状態はなかなか好転せず、第三セクター三八社のなかでも一、二を争う赤字を抱えていた。とうとう二〇〇六（平成十八）年に、惜しまれながら廃線となってしまった。

おそらくこの抜群におしゃれなネーミングは、大分水界が通る峠付近のなだらかな風景からイメージしたものだろう。新婚さんがよく訪れるという「愛冠《あいかっぷ》」という駅も沿線にある。ここはひとつ〝愛のカップルで分水嶺を越える〟なんてロマンチックなキャッチフレーズを作り、捲土重来を期すというのはどうだろうか。

※海上保安庁の海岸区分によれば、宗谷岬〜知床岬を北海道北岸（オホーツク海）、知床岬〜納沙布岬を北海道東岸（根室海峡）、納沙布岬〜白神岬を北海道南岸（太平洋）と区分けがされており、根室海峡がオホーツク海なのか太平洋なのかよくわからない。本書では『日本国勢地図』に従って、根室海峡を太平洋の一部として考えることにする。

14 日本一の巨大カルデラがつくった自然の展望台

旧ちほく高原鉄道と分かれた分水界は、釧北峠（六一〇メートル）から阿寒《あかん》湖と雄阿寒岳の眺望を楽しみ、森と湖の阿寒国立公園に入っていく。

大分水界は、ちょうど湖畔から阿寒湖を望んだときに背景となる低い山並みを通っている。そして、深い森におおわれた雄阿寒岳（一三七〇メートル、日本百名山）や神秘の湖パンケトーを南に見ながら、津別峠（七五四メートル）へとのびている。

津別峠からは青く輝く屈斜路《くっしゃろ》湖と緑濃い摩周《ましゅう》岳、遠く斜里岳からはてはオホーツク海まで、感動的な大パノラマがひらける。ちょうど視界いっぱいに広がっている、半月形の屈斜路湖から摩周湖にかけての一帯が、屈斜路火山の活動でできた「屈斜路カルデラ」である。

カルデラといえば、だれもが思い浮かべるのは九州の阿蘇ではないだろうか。日本最大のカルデラだと思いこんでいる人が多いかもしれないが、じつはこれも正しくない。

屈斜路カルデラの大きさは南北二三キロ×東西二四キロで、阿蘇の南北二四キロ×東西一八キロをしのいでいる。やはり北海道のスケールはでかく、屈斜路カルデラこそ日本一なのである。そしてこのカルデラに源を発し、広大な湿原をうるおして太平洋に注いでいるのが、〝北海道のカヌー銀座〟とも呼ばれる釧路川である。

大分水界は巨大なカルデラの外輪山をほぼ半周して、さらに東へと続いている。外輪山の上には、津別峠、美幌《びほろ》峠、藻琴山、野上峠といった屈斜路湖の展望スポットが、ほぼ等間隔で並んでいる。観光地化されすぎた美幌峠（四九三メートル、日本百名峠）が落ち着かないという人には、標高が高くて静かな味わいのある津別峠のほうをおすすめしたい。

また、摩周湖第一・第三展望台といえば美幌峠に劣らずメジャーなスポットだが、ここから見える対岸の外輪山も大分水嶺の一部である。摩周湖の北東岸をめぐった大分水界はやがて裏摩周展望台（五八〇メートル）に到着し、そこからカルデラを離れて、知床半島をめざして東へぬけている。

摩周湖第一展望台から摩周湖の対岸に大分水嶺を望む

知床五湖から見た知床連山。右端が羅臼岳

津別峠　北見から道道二七号線・道道五八八号線を屈斜路湖方面へ約五〇キロ。
裏摩周展望台　網走から国道二四四号線・国道三九一号線・道道一〇三四号線を摩周湖方面へ約七〇キロ。

15 はるか国後を見下ろす海上の分水嶺

裏摩周展望台へいたる道の分岐点となっている清里峠（四四〇メートル）を越えると、大分水界は長い裾野が美しい斜里岳（一五四七メートル、日本百名山）への登りにかかる。独立峰的な山容の斜里岳の山頂からは、南西には阿寒から屈斜路カルデラの山々、北東には海に突き出る知床連山と、道東の大分水嶺が一望に見わたせる。

斜里岳を一気に下ると、根北峠（四八〇メートル）で国道二四四号線（野付国道）を越え、知床半島基部の山をつたって知床国立公園のなかを進むようになる。ここは、全国で三六カ所を数える大分水界が所在する国立・国定公園のなかで、最も北にある自然公園である。その入り口にあるのが、一年の半分以上は雪に閉ざされる国道三三四号線（知床横断道路）の知床峠（七四〇メートル）だ。ここは車で行けるなかで最も東にある大分水嶺となっている。

知床峠で車を降りると、目の前にそびえているのが知床連山の主峰・羅臼岳（一六六〇メートル、日本百名山）だ。大分水界は知床峠から羅臼岳の頂へとのびている。山頂に登れば足元にオホーツク海と太平洋が両側に広がり、いやでも分水嶺に立っていることが実感できるだろう。

さらに羅臼岳から知円別《ちえんべつ》岳（一五四四メートル）へは、原始そのままの自然が息づく大分水嶺を縦走できる贅沢なコースとなっている。そこから先はもはや一般的な登山道はなく、だんだん細くなっていく半島のなか、大分水界は知床岳（一二五四メートル）へと向かっている。そして、知床の語源となったシルエトク（アイヌ語で「大地の果て」の意）をめざして、大分水界は北の海に消えていくのである。

斜里岳　ＪＲ釧網本線知床斜里駅からバスで斜里岳登山口まで約四〇分。山頂まで徒歩約四時間三〇分。

知床峠　網走から国道二四四号線・国道三三四号線を羅臼方面へ約九五キロ。

16　氷河地形が残るワイルドな分水嶺山脈

北海道の大分水界のもう一本の支線はといえば、狩勝峠から襟裳《えりも》岬までの南北一四〇キロにもおよぶ日高山脈そのものだ。

山の高さは、最高峰の幌尻《ぽろしり》岳でさえやっと二〇〇〇メートルを超えるくらいだが、山脈の長さでは北アルプスをしのいでいる。山脈の東側を流れる川は十勝平野をうるおし、西側を下る川は直接太平洋に注いでいる。二つの海を分けるという本来の意味からはずれてしまうのだが、分水嶺としてのスケールの大きさのせいか、ここも『日本国勢地図』に記載された大分水界なのだ。二三カ所も分布しているカール（圏谷＝氷河が浸食した椀型の地形）、春から秋にかけて彩りを添えるお花畑、愛らしいナキウサギが日高の魅力となっている。

今度は話を狩勝峠に戻そう。狩勝峠から稜線に沿って南へ進むと、日高と十勝を分ける国道二七四号線（穂別国道）の日勝峠に出る。この国道は日高山脈の基部を越える北海道でも有数の山岳道路で、展望台からの十勝平野の雄大な眺めに息を飲まされる。最近では、石北峠や中山峠などとあわせて北海道開発局のライブカメラが設置され、インターネットを通じて一五分おきに道路状況がわかるようになった。

国道は峠の下を日勝トンネル（一〇二〇メートル）で貫通しているが、旧峠（一一〇六メートル）には日高側から砂利道を登っていくとよい。頂上には小さな園地があり、ちょっとした峰上のオアシスといった趣だ。

園地には湧水で作られた水場があり、そこからほとばしる水は、内浦湾に注ぐ沙流《さる》川の源流のひとつとなっている。全国の大分水嶺の峠を自転車で走破された永冨謙氏によれば、水場から十勝川のほうに向けて浅い溝をわずか三メートルほどつけてやるだけで、簡単に反対側の十勝川のほうに流れてしまうそうだ。そんないたずらをしたくなるほど、じつにあやうい大分水界なのである。

日勝峠をあとにした大分水界は、沙流川源流の原生林を西に見ながら、たおやかな稜線をトレースしていく。やがてピパイロ岳（一九一七メートル）の肩を越えたあたりから、日高らしい稜線のとがったピラミッド形の山容に変わり、七ツ沼カールを抱いた戸蔦別《とつたべつ》岳（一九五九メートル）に達する。

縦走路が少ない日高山脈だが、この区間には稜線上に登山道がついており、大分水嶺を歩いて楽しめる。カールの奥にそびえるのが日高の主峰・幌尻岳（二〇五三メートル、日本百名山）だが、残念ながらわずかに大分水界からはずれている。

その先のエサオマントッタベツ岳（一九〇二メートル）から日高分水嶺の最高点で

あるカムイエクウチカウシ山（一九八〇メートル）にかけては、全国一きれいな川として名をはせている札内川の源流部となっている。山慣れた人なら、両峰を通ってペテガリ岳（一七三六メートル）まで、野性味あふれる分水嶺の大縦走が楽しめるだろう。そこから先は稜線歩きが難しくなり、神威《かむい》・ソエマツ・ピリカヌプリの南日高三山へと一六〇〇メートルクラスの山並みが続いている。

日勝峠　帯広から国道二七四号線を日高方面へ約五五キロ。
戸蔦別岳　苫小牧から振内まで国道二三五号線・国道二三七号線を占冠方面へ約八〇キロ、さらに林道で登山口まで約三〇キロ。山頂まで徒歩約七時間三〇分。

17　襟裳の海をよみがえらせた魚付林

大分水界は高度を下げながら国道二三六号線（天馬街道）を野塚トンネルで越え、日高山脈で登山対象となる山としては南端にあたる楽古《らっこ》岳（一四七二メートル）に達する。えりも町に入ったあともひたすら海をめざして南下を続け、追分峠（一六二メートル）で黄金道路の別名をもつ国道三三六号線とぶつかる。
追分峠を越えると襟裳岬はもう目と鼻の先だ。難破した南部藩船の悲劇を伝える百

幌尻岳から南望。エサオマントッタベツ岳、札内岳へと連なる日高の山なみ

延々と日高山脈を辿ってきた大分水嶺は襟裳岬で太平洋に沈む

人浜を東に見ながら、低い緑の続く丘陵地を通って岬をめざしていく。岬に行く前に、このなんでもないように見えるなだらかな分水嶺に隠された、自然と人間のドラマを紹介しておこう。

『日本の美林』（井原俊一、岩波新書）によれば、このあたりでは明治の初めにコンブ漁のための入植がはじまり、それにつれて付近の森がどんどん切られるようになったそうだ。

おかげで、大正時代にはすでに丸裸になってしまい、「襟裳砂漠」と呼ばれるほど自然破壊がひどかった。おまけに襟裳特有の強風が裸地化した土砂をまきあげ、海に流れた赤土が肝心のコンブに深刻な打撃を与えてしまった。ひと昔前の流行歌ではないが、本当に〝何もない春〟になってしまったのである。

ところが一九五三（昭和二十八）年から林野庁が粘り強い植林作業をはじめて一〇年。緑がよみがえるにつれコンブの品質がみるみるよくなり、それにつれて魚介類も増え、漁獲量が三〇倍にもなった。まさに豊穣の海が戻ってきたのである。

森が魚を育てることは昔からよく知られており、そういう森を「魚付林」として我々の祖先は大切に保護してきた。北海道ではこのほかにも、牡蠣の海を復活させた厚岸のパイロットフォレストがよく知られている。

豊かな海に恵まれた日本では、すべての森が魚付林といってもおかしくない。そのなかでも特に水源地の森は、海や川に棲む生き物、ひいてはわたしたちの生活に欠かすことのできない貴重な資産となっている。まさに、〝森は海の恋人、川はその仲人〟なのである。

魚付林をぬけると、日高山脈が太平洋へと沈みこむポイント、襟裳岬に到着する。岬に立てば二キロ先まで岩礁が続いているのが見えるが、海面下ではさらに六キロも続いているらしい。大分水嶺は海中まで続いているのである。

襟裳岬　襟裳岬は風速一〇メートルの風が吹く日が一年で二九〇日を数え、三〇メートルを超える日も珍しくない。観光スポット「風の館」の展望シアターからは目の前に襟裳岬の感動的な光景が望める。帯広から国道二三六号線・国道三三六号線を静内方面へ約一三〇キロ。

第二章　東北編

東西交流に立ちはだかる奥羽山脈分水嶺

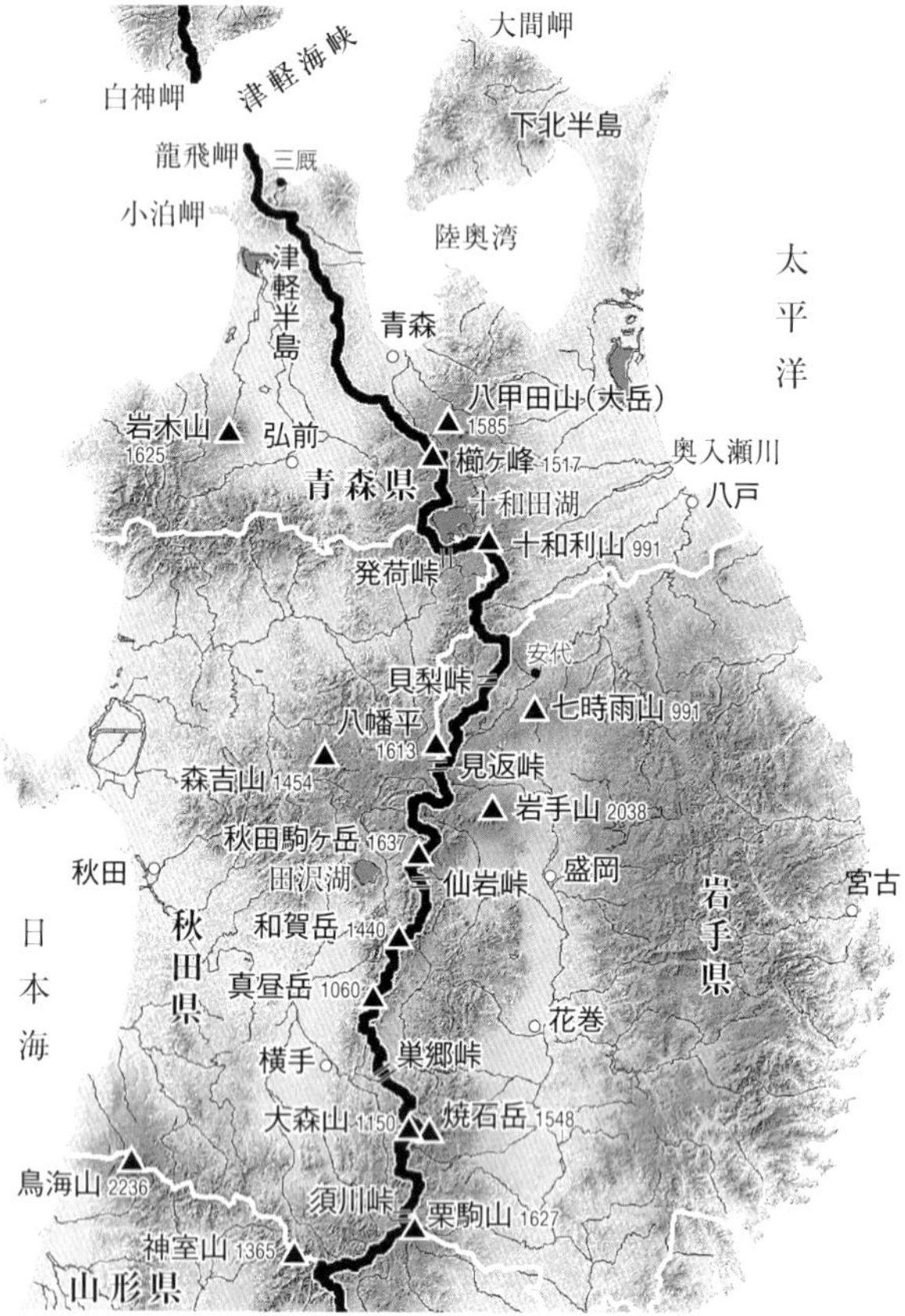

大間岬
津軽海峡
白神岬
下北半島
龍飛岬
三厩
小泊岬
陸奥湾
太平洋
津軽半島
青森
八甲田山(大岳)
1585
岩木山
1625
弘前
櫛ケ峰
1517
奥入瀬川
青森県
十和田湖
八戸
十和利山
991
発荷峠
安代
貝梨峠
七時雨山
991
八幡平
1613
見返峠
森吉山
1454
岩手山
2038
秋田駒ケ岳
1637
秋田
田沢湖
仙岩峠
盛岡
宮古
岩手県
和賀岳
1440
日本海
秋田県
真昼岳
1060
花巻
横手
巣郷峠
大森山
1150
焼石岳
1548
鳥海山
2236
須川峠
栗駒山
1627
神室山
1365
山形県

1 規則的なうねりをもった日本最長の山脈

津軽半島から十和田湖をめぐり安代町へ

18　階段国道からはじまる本州の大分水嶺

本州の大分水界の旅を、日本で最も風の強い龍飛《たっぴ》崎にある白亜の灯台からはじめよう。

本州最北の岬といえば下北半島の大間《おおま》崎であり、最初に述べたようにこちらをスタート地点とする説もある。しかし、松前半島の白神岬から本州につなげるとなると、わずかに一九キロしか離れていない津軽半島の龍飛崎を選ぶほうが自然だ。

この点について、海上保安庁の久保良雄氏が興味深い説を唱えている（『水路』Vol.27　No.4）。じつは、津軽海峡というのは、海上保安庁の海域区分によれば、太平洋にも日本海にも属しておらず、独立した海区となっているらしい。ところが海底地形図を見ると、明らかに白神岬と龍飛崎とがつながっており、いちばん深いところでもわずか一三〇メートルくらいしかない。そこで氏は、日本の大分水界は海を渡ってつながっていると主張されているのである。

津軽海峡と聞いて、だれでも思い浮かべるのが、四二年もの歳月を費やしてつくられた、総延長五四キロをほこる世界最長の「青函トンネル」であろう。このトンネルは、海面下も含めて大分水界のほぼ真下を通っている。その理由はおわかりのように、海底地形を十分に調査したうえでルートが決められたからである。

龍飛崎には、もうひとつ日本で唯一のものがある。なんと車はもちろん、バイクも自転車も通れない国道があるのだ。

龍飛崎にいたる国道三三九号線（龍泊ライン）のなかで、龍飛崎灯台から龍飛漁港へ下りる三八八メートルが、三六一段の階段国道となっている。旧三厩《みんまや》村（現・外ヶ浜村）の観光パンフレットによれば、村の人たちが利用する生活道路を国道に昇格させる際に、現地を確認せずに図面だけで国道に指定してしまったらしい。世界に冠たる日本のお役人様が、本当にそんなポカをやるのだろうか。階段のわきに立つ国道標識は、違和感を通り越してユーモラスな感じさえする。

風力発電のための巨大な風車が立ち並ぶ地帯を越えると、大分水界は少しずつ高さを増し、やがて津軽国定公園からはずれるようになる。そのあとは、日本海と陸奥湾を左右に見ながら、五〇〇メートル前後の山が続く津軽山地のほぼ中央部を市町村境に沿って進んでいく。

津軽山地の脊梁には、青森県の名産であるヒバの林がある。木曽のヒノキ、秋田のスギと並んで称される日本三大美林のひとつだ。

ヒバといわれて、どんな木か想像できる人は少ないのではないだろうか。ヒノキアスナロといったほうがわかりやすいかもしれない。「明日はヒノキになろう」と思いつつヒノキになれない、希望と挫折の日々を送る木である。

姿形はヒノキに似ているのだが、木材としての市場価値はヒノキにかなわない。成長スピードはスギの三分の一ときわめて遅く、一人前になるには一〇〇年以上もかかる。耐久性が高く長持ちするものの、東北・北陸地方以外ではあまり使われていない。いわば、一流企業に入ったものの出世が遅く、同期が華々しく活躍するなかで専門職として重宝がられている、といった地味で憎めないやつなのである。

龍飛崎　青森から国道二八〇号線を三厩方面へ約七五キロ。またはＪＲ津軽線三厩駅からバスで約三〇分。

19　東西交流の連絡路となった低い分水界

津軽山地を通りぬけた大分水界は、ＪＲ奥羽本線、東北自動車道、国道七号線（羽州街道）と、弘前と青森をむすぶ交通幹線を大釈迦付近で越えていく。そして青森空港のど真ん中を横断したあとは南東に進み、主峰大岳にしたがえられた北八甲田の群峰を東に見ながら、奥羽山脈の長い山旅へと入っていく。

奥羽山脈は、八甲田から足尾山地に接するまで南北四五〇キロにもおよぶ、日本最長の山脈である。

最高峰の岩手山でようやく二〇〇〇メートルを超える程度であり、高さとしてはたいしたことはない。しかし、そのすべてが太平洋と日本海を分ける分水嶺であり、東北地方に住む人々の生活や風土に大きな影響を与えてきた。東北地方では大分水界と県境がほぼ一致しており、分水嶺が人々の生活圏を分断してきたことを物語っている。『新版　日本の山』（貝塚爽平ほか、岩波書店）で紹介されているが、東西の交流の障壁となっていた奥羽山脈には、あちらこちらに切れ目のようなところがある。貝梨峠、巣郷峠、関山峠、中山越などがそうだ。千数百メートルの山並みの間に、五〇〇メートルに満たない低い分水界が、あたかも人の手で作られたかのように一定の距離

のびやかな南八甲田の山並み。乗鞍岳、駒ヶ峰、櫛ヶ峰（遠景左から）

をおいて並んでいる。また、切れ目と切れ目の間には、八幡平《はちまんたい》、栗駒《くりこま》山、蔵王《ざおう》、吾妻《あづま》山などの東北を代表する高山がそびえている。

これは奥羽山脈の生い立ちに起因する、東北地方全体の地形がもつ〝うねり〟のせいだといわれている。この〝うねり〟が、奥羽山脈に周期的な構造をもたらしているのだ。その昔、これらの山脈の切れ目は、東西の交通の回廊としての役割を果たしてきた。低い分水界（峠）を通じての交流が、東北地方の文化や経済をはぐくんできたのである。現在でも七本のＪＲ線、九本の国道、三本の高速道路が通り、東西の連絡路がすべてここに集中している。

さて大分水界はというと、弘前とむつ市を結ぶ国道三九四号線をまたいで、十和田八幡平国立公園に入っていく。そして、なだらかな半円形をした南八甲田の盟主・櫛《くし》ヶ峰（一五一七メートル）への登りにかかる。

国道三九四号線では、大分水界のすぐ東にある城ヶ倉渓谷の大橋のおかげで、弘前方面から八甲田への通年通行が可能となった。城ヶ倉大橋付近から眺める景観は、四季それぞれに美しさをもち、特に紅葉の名所として知られている。

南八甲田は、標高の点では北八甲田にゆずるものの、峰々の間に広がる静かでのびやかな高層湿原が大きな魅力だ。ところが湿原地帯であるために、大分水界の正確な位置がわかりづらい。おそらく、青森市や十和田市のほぼ西境に沿って十和田湖方面にのびているものと思われ、大分水界に寄り添うように登山道がつけられている。

南八甲田（櫛ヶ峰）　ＪＲ東北本線青森駅から猿倉温泉入口までバスで約一時間三〇分。山頂まで徒歩約四時間。

20　十和田カルデラの外輪山をひと回りする

南八甲田をぬけた大分水界は、十和田湖を取り囲む外輪山のひとつである御鼻部山《おはなべ》（一〇一一メートル）にぶつかる。そこから対岸にある見返峠（六八五メートル）まで十和田湖外輪山の稜線をほぼ三分の二周する。その間に、御鼻部山、滝ノ沢峠、発荷峠《はっか》と十和田湖を見下ろす展望台が並んでおり、さまざまな角度から群青の湖水と濃緑の山々のハーモニーが楽しめる。

ここで「おや、どこかで読んだ風景描写では……」と思われた人がいるかもしれない。そのとおり、屈斜路湖とまったく同じパターンなのだ。

北日本の大分水界には、支笏湖、阿寒湖、屈斜路湖、十和田湖などのカルデラ湖が多くあり、いずれも外輪山の稜線が大分水嶺となっている。これはある意味では当たり前の話だ。北日本の大分水嶺となっている高山の多くは火山である。火山が噴火したあとにカルデラ湖になれば、自然と大分水嶺は外輪山のまわりを回るようになる。どの湖でも、大分水嶺に沿って湖を鑑賞する観光スポットが並んでいるのは、不思議でもなんでもないのである。

観光客で混雑する発荷峠（六三一メートル、日本百名峠）からの眺望を楽しむと、十和利山《とわり》（九九一メートル）を最後に大分水界は十和田カルデラから離れていく。ここから先の八幡平までは、一部をのぞいて大分水界と県境が一致していない。福島・若松・磐前の三県が統合されたために大分水界が県の中心部を横切るようになった福島県をのぞけば、東北地方ではやや異例の区間となっている。

発荷峠　青森から国道一〇三号線を十和田湖方面へ約七五キロ。またはJR花輪線十和田南駅からバスで約一時間。

21　町村合併が分水嶺の里を生みだした

その区間にある岩手県安代町《あしろ》（現・八幡平市）は、まさしく「分水嶺の里」という名にふさわしい町だ。

そもそも「安代」という町名からして分水嶺を表わしている。太平洋に注ぐ「安比《あっぴ》川」と日本海に注ぐ「米代川《よねしろ》」から一文字ずつを取って名づけられているからだ。これはそれぞれの川が流れる村が合併したためで、町のほぼ中央部を大分水界が縦断している。

〝平成の大合併〟までは、大分水界の九〇パーセント以上は市町村境とピッタリ一致しており、水系がひとつの生活圏を形成してきたことの証となっていた。水利権をめぐっては、ひどいところでは何百年も争いの歴史を積み重ねているから、そんなところが同じ行政域で仲よくやっていけるはずもない。結果として、大分水界が市町村内を通過するところはそんなに多くはなく、しかもほとんどは端を遠慮がちにかすめている程度となっている。

堂々とど真ん中を通過しているのは、列島の端にある市町村をのぞけば、北海道大滝村（現・伊達市）、岩手県安代町、福島県天栄村、山口県豊田町（現・下関市）、愛媛県伊予三島市（現・四国中央市）、大分県玖珠町など、せいぜい両手で数えられるくらいしかなかった。平成の大合併の後、ずいぶん数が増えたが、大分水界をまたがってコミュニティをつくるというのは、本来は不自然な姿なのかもしれない。

旧安代町といえば、町境にまたがる安比高原スキー場がよく知られており、イワナやヤマメの渓流釣りや日本一の生産量をほこるリンドウの花など、グリーンツーリズムにも力を入れている。そのうえ、分水嶺を観光資源として活用しようという意欲も高い。

奥羽山脈の切れ目のひとつでもある貝梨峠（四三七メートル）付近では、ＪＲ花輪線、東北自動車道、国道二八二号線の三本の幹線が大分水界を越えている。国道沿いには分水嶺公園があり、立派なモニュメントが立てられている。

観光資源として分水嶺を打ち出している自治体は岐阜県旧高鷲《たかす》村（現・郡上市）や兵庫県旧氷上町（現・丹波市）くらいで、まだそんなに多くない。旧安代町は東北地方で分水嶺サミットを開催した唯一の市町村でもあり、分水嶺ハンターとしては、こういう町にはぜひともがんばってもらいたい。よけいなことだといわれるかもしれないが、町の観光地図に大分水界の位置を書いておけば、もっと宣伝できると思うのだが……。

貝梨峠分水嶺公園　東北地方で唯一の分水嶺をテーマにした公園。ほかには岐阜県の刈安峠や、ひるがの公園、兵庫県の丹波市氷上町などに分水嶺公園がある。盛岡から東北自動車道または国道二八二号線を鹿角方面へ約六〇キロ。

---

2 大分水界に寄り添う東北の名湯たち

八幡平から奥羽国境をたどり栗駒山へ

22 百名山と百名峠のダブル受賞に輝く山

なだらかな火山台地をおおうアオモリトドマツの樹林。広がる湿原に咲き乱れる高山植物と静かな火口湖のコントラスト。とても山上とは思えない、のびのびとした八《はち》幡《まん》平《たい》の高原台地のなかを大分水界が走っている。

八幡平は、日本百名山と日本百名峠の両方に数えあげられた全国でも珍しい山だ。いいかえれば、山と峠の両方にリストアップされている点が、いかにも八幡平らしいところでもある。

山頂（一六一三メートル）といっても突出したピークがあるでもなし、どちらかといえば峠といわれたほうがしっくりくる。ふもとから見上げれば立派な分水嶺なのだろうが、ハイカーでにぎわう八幡沼付近を散策していると、まるで平地分水界にいるような錯覚にさえおちいる。

分水界と直角に交わるアスピーテラインと、分水界と並行して走る八幡平樹海ラインが、山頂に近い見返峠（一五四〇メートル）までのびている。そのおかげで、山と峠のどちらとも意識しにくくなってしまったのが、いまの八幡平かもしれない。

見返峠から樹海ラインに沿って少し南へ行くと、大分水嶺の直下に藤七《とうしち》温泉がある。標高一四〇〇メートルと、温泉としては東北地方で最も高いところにあり、露天風呂からは岩手山や八幡平の雄姿が美しい。

東北地方の脊梁にはたくさんの火山があり、そのまわりには大小無数の温泉が湧き出ている。大分水界付近は温泉密集地帯でもあり、東北地方の分水嶺めぐりは必ず温泉がセットになっている。ここはひとつ露天風呂にひたり、湯煙の向こうにそびえる山々を眺めながら、「あふれたお湯が川の源流となっているのだなあ……」と感慨にふけるのはどうだろうか。

八幡平　岩手・秋田県境にまたがる高原台地。盛岡から見返峠まで国道二八二号線・アスピーテラインを鹿角方面へ約五五キロ。またはＪＲ東北本線盛岡駅からバスで約二時間。山頂まで徒歩約一五分。
藤七温泉　見返峠からバスで約一〇分。徒歩なら約三〇分。

23　分水嶺の変遷は社会変化を映す鏡である

樹海ラインと分かれた分水界は、八幡平と岩手山をつなぐ裏岩手縦走コースに沿って南へ進み、大深岳（一五四一メートル）からは岩手・秋田県境に沿って秋田駒ヶ岳をめざすようになる。このあたりから鬼首《おにこうべ》付近までの太平洋側は、すべて北上川の流域になっている。いうまでもなく、日本第四位の流域面積と第五位の長さをもつ東北一の大河だ。

コマクサやチングルマの群落で知られる花の名峰・秋田駒ヶ岳（一六三七メートル）は大分水界からわずかにはずれ、阿弥陀池に下りて登り返した横岳（一五八三メートル）を通っている。火山である秋田駒ヶ岳のまわりには乳頭温泉郷、田沢湖温泉郷、水沢温泉郷などの湯の街が並び、登山やスキーの基地としてもにぎわっている。

秋田駒ヶ岳のお花畑を過ぎた大分水界は、国見温泉を東に見ながら高度を落とし、国見峠から仙岩峠にかけて新旧三本の道路と一本の鉄道を越える。なぜこんなところに何本も交通路がつくられたのか、『峠の道路史』（野村和正、山海堂）からひろってみよう。

国見峠（九四〇メートル、日本百名峠）は、雫石と角館を結ぶ秋田街道の難所であり、奥羽街道と羽州街道の連絡道であった。このあたりは冬ともなれば五メートルを超える積雪があり、多くの旅人たちを苦しめてきた。

その峠道に変化をもたらしたのが、日本の近代化であった。まず一八七六（明治九）年に、険しい国見峠を避けて、少し南の仙岩峠（八九四メートル）を通る新道が開削され、こちらがメインルートとなった。次に一九六四（昭和三十九）年に自動車が通れる新国道が開通した。新仙岩峠（八三六メートル）にはそのときの国道仙岩峠貫通記念碑が残されている。

一九六六（昭和四十一）年には、今度は国鉄田沢湖線の仙岩トンネルが国道より少し南にできあがり、現在のJR田沢湖線が全通した。そして最後に、一九七六（昭和五十一）年に国道四六号線の仙岩トンネルが完成して、いまにいたっている。

このように、峠は時代とともに変化し続けているのであり、その変遷は社会の動きを映す鏡のようなものなのだ。東北の分水嶺には、人間と自然との闘いの歴史が刻みこまれているのである。

秋田駒ヶ岳　JR田沢湖線田沢湖駅から八合目までバスで約一時間。山頂まで徒歩約二時間。または国見温泉から徒歩約二時間三〇分。

国見峠・仙岩峠　盛岡から国道四六号線を田沢湖方面へ約三五キロ。

秋田駒ヶ岳・男岳の鞍部から見た男女岳と阿弥陀池。大分水嶺は池の背後の稜線を通っている。遠景は岩手山

秋田駒ヶ岳・横岳と焼森の間は大分水嶺の真上に登山道がある

24 巣郷温泉のお湯はどちらの海に注ぐのか？

岩手・秋田県境に横たわる真昼山地は、奥羽山脈には珍しい非火山性の山々で、大分水界はその脊梁部を通っている。主峰の和賀岳（一四四〇メートル）は標高こそ低いものの、冬には日本海からの季節風が直接ふきつける豪雪地帯にあり、そのために三〇〇〇メートル級の山のような高山的な様相をみせている。

和賀岳で忘れてならないのが、広大なブナの原生林である。

ブナは古くから人々の生活を支えてきた大切な木だった。それにもかかわらず、「橅」という漢字が示すように、役に立たない木として低く見られてきた。昔はあちこちで見られたブナの林だが、戦後の拡大造林政策のせいもあり、猛烈なスピードで伐採されていった。そして、まとまって残るのが白神山地や朝日連峰などわずかになったところで、ようやく保護が叫ばれるようになった。

和賀岳には、世界遺産に登録された白神山地に匹敵するブナの大原生林が残されている。ブナが落とすたくさんの葉が山を育て、ブナがたくわえた雪解け水は川を下って平野をうるおし、ひいては海をもはぐくんでいる。真昼山地にある分水嶺の森は、我々に残された貴重な恵みの森といってよいだろう。

真昼山地をゆるやかに下ってきた大分水界は、正岡子規が「近国無比の勝地なり」と絶賛した白木峠（六〇二メートル）を越えて、巣郷峠（二九六メートル）付近でJR北上線、秋田自動車道、国道一〇七号線（平和街道）を渡る。

このあたりは奥羽山脈の切れ目のなかでも最も低い（谷中）分水界で、標高は三〇〇メートルを切っている。奥羽山脈を越える七本のJR線のほとんどが峠の頂上部をトンネルでぬけているのに対して、この巣郷峠とJR陸羽東線の堺田付近（三三〇メートル）だけにはトンネルがない。どちらも広い谷のなかを走っているようで、峠という感じがあまりしない。

巣郷峠で注目されるのは、大分水嶺のほぼ真上に温泉がのっかっていることだ。こんなところは大変珍しく、すぐあとで紹介する栗駒山麓の須川温泉と群馬・長野県境にある高峰温泉の合わせて三カ所しかない。

それでは巣郷温泉からあふれたお湯はどちらに注ぐのかといえば、温泉の住所が岩手県西和賀町となっていることからわかるように、岩手側すなわち太平洋側に注いでいる。

峠を岩手側に下りれば、田んぼのなかからお湯が湧いたことから名づけられた湯田温泉峡がある。ここは真昼山地登山のベースでもあり、JRほっとゆだ駅は温泉会館に併設した駅として有名だ。いわばこのあたりは、自然と歴史と温泉の三点セットがそろった、とてもお得なエリアなのである。

和賀岳　JR北上線ほっとゆだ駅から高下までバスで約四五分。山頂まで徒歩約六時間。
巣郷峠　北上から国道一〇七号線を横手方面へ約五〇キロ。

25　栗駒山に隠された地名の秘密とは？

巣郷峠を過ぎると、大分水界はふたたび奥羽山脈を登りはじめ、栗駒国定公園の焼《やけ》石《いし》地区へと入っていく。主峰の焼石岳（一五四八メートル）は大分水界からわずかにはずれ、秋田側から登る際に通過する大森山（一一五〇メートル）の頂を大分水界が通っている。

さらに国道三九七号線（焼石連峰ブナライン）を大森山トンネル（八〇〇メートル）で越えると、県境の稜線を忠実にたどりながら、岩手・宮城・秋田の県境にまたがる栗駒山（一六二七メートル）をめざすようになる。

栗駒山まであと一歩のところにあるのが須川峠（一一〇〇メートル）だ。国道三四二号線と県道二八二号線仁郷大湯線がぶつかるT字路となっており、大分水界が縦棒のほぼ真上を通っている。三差路のすぐ近くにある須川温泉は、標高一一二六メートルの高原にある湯治場として古くから親しまれ、栗駒山登山の基地としても利用されてきた。

宮城・岩手・秋田三県にまたがる栗駒山を、もともと宮城では「栗駒」、岩手では「須川」、秋田では「大日」と呼んでいた。山頂は大分水界から一キロほど東（太平洋側）の宮城・岩手県境にあるためか、「栗駒山（須川岳）」と地図に書かれている。ほんのわずかの差で大日岳とは呼んでもらえないらしく、地名というのは案外正直なものだ。

ところが、こと温泉となると事情がちがってくる。須川温泉も巣郷温泉と同じように大分水界のほぼ真上にある温泉のひとつである。正確にいえば、須川という名がついているだけに、ほんのわずかに岩手県側（太平洋側）にある。ところが須川高原温泉にある露天風呂には、「大日湯」という秋田側の呼び名がつけられているから話がややこしい。

さらに、一九九八（平成十）年に秋田県側（日本海側）に新装オープンした旅館は、「秋田須川温泉・栗駒山荘」と名づけられている。秋田にあるのだから「大日温泉・大日山荘」と名づけてもいいものを、宮城・岩手・秋田三県が仲よく同居する、よくよく考えるとかなり不思議な名前となっている。これも栗駒山が三県にまたがる大分水嶺であるための、奇妙な現象なのであろうか。

須川温泉　一関から国道三四二号線を湯沢方面へ約五〇キロ。またはJR東北本線一関駅からバスで約一時間三〇分。

栗駒山　須川温泉から徒歩約二時間。

3

鬼首から関山峠をへて蔵王連峰へ

旅人の心に刻みこまれたみちのくの大分水嶺

26 カルデラの火口壁から滑り降りる快感

栗駒山で直角に曲がった大分水界は、秋田・宮城の県境に沿って西へ進んでいく。さらに秋の紅葉が美しい国道一〇八号線（仙秋ライン）を鬼首峠（八一〇メートル）で渡り、南へと方向を変えながら花立峠（七八〇メートル、日本百名峠）を越えていく。

この間は、まるで荒雄岳（九八四メートル）の西側を取り囲むように大分水界が屈曲している。しかも、荒雄岳と大分水界とは深い谷で隔てられ、よく見ると荒雄岳の東側も同じような地形をしている。あれれ、どこかで見たことのある地形では……。

じつはここは、鬼首カルデラと呼ばれる大きな火山の跡なのである。大分水界がちょうど外輪山の稜線を走っており、十和田湖とまったく同じパターンだ。

鳴子温泉をはじめこのあたりには温泉が多く、特にカルデラの中心にある荒雄岳一帯は、地熱発電所まである大地熱地帯となっている。荒雄岳南麓の吹上温泉には、その名のとおり突然に温泉を噴き出す「間欠泉」がある。大分水嶺と間欠泉という組み合わせは、分水嶺先進国であるアメリカのイエローストーン国立公園とまったく同じパターンで、何か因縁めいたものを感じてしまう。

さらにおもしろいのは荒雄岳の山麓を流れる江合川で、外輪山と荒雄岳の間をほぼ三六〇度まわってからカルデラの外へ流れ落ちている。こんな不思議な流れ方をする川は、日本中探してもここにしかない。

さてここで、展望台から見た十和田湖の風景を思い浮かべてみてほしい。十和田湖に急角度で落ちこむカルデラ壁にスキー場をつくったら、いったいどうなるだろうか。まさにそれを実現したのが鬼首カルデラにつくられたオニコウベスキー場である。外輪山から標高差約八〇〇メートルのゲレンデは急斜面の連続となり、上級者向きの超ハードなスキー場となっている。度胸と脚力に自信のある人は、大分水嶺からのノンストップ滑走に挑戦してみてはいかがだろうか。

オニコウベスキー場　古川から国道四七号線・国道一〇八号線を湯沢方面へ約四五キロ。またはJR陸羽東線鳴子温泉駅からバスで約四〇分。

日本海
酒田
神室山 1365
鬼首峠
栗駒山 1627
荒雄岳 984
鳴子
中山越
山形県
宮城県
鍋越峠
月山 1984
船形山 1500
面白山 1264
仙台
大朝日岳 1871
山形
笹谷峠
蔵王山（熊野岳）
1841
刈田峠
太平洋
米沢
栗子山 1217
飯豊山 2105
板谷峠
東大巓 1928
福島
西吾妻山 2035
東吾妻山 1975
土湯峠
安達太良山 1709
磐梯山 1816
母成峠
会津若松
中山峠
猪苗代湖
御霊櫃峠
福島県
阿武隈高地
郡山
羽鳥湖
甲子峠
那須岳（三本槍岳）
1917
白河

27 芭蕉も難渋したみちのくの大分水嶺越え

オニコウベスキー場の上部を通過した大分水界は、中山越（堺田峠、三三〇メートル）と呼ばれる谷中分水界でＪＲ陸羽東線と国道四七号線（北羽前街道）と交差する。分水界の周辺はちょっとした園地になっており、のどかな風景の中で水が二方向に分かれていく様が見られる。

中山越で忘れてはならないのが松尾芭蕉の『奥の細道』だ。

晩春に江戸を発った芭蕉は、まず阿武隈川の流れに沿って北上し、仙台や平泉を訪ねている。そこから日本海側にぬけ、今度は海岸線をどんどん南へ下り、秋に大垣で旅を終えている。このコースを歩くためには、必ずどこかで奥羽山脈の大分水嶺を越えなければならない。それがこの中山越なのである。

鳴子温泉を素通りした芭蕉と弟子の曾良は、関所の役人に怪しく思われながらもなんとか尿前《しとまえ》の関を通過して、中山越へと向かった。ところが峠越えの途中で日が暮れてしまい、堺田にある封人《ほうじん》の家を見つけて一夜の宿をもとめた。封人の家とは国境を守る役人の家のことで、この付近の庄屋にあたる。

封人の家では大雨にたたられて二晩を過ごしたのだが、よほどひどい部屋に泊めら

上／大分水嶺を越える中山越の堺田にある封人の家
下／堺田の水中分水点。流れがここで日本海、太平洋へと分かれる

れたのか、「蚤虱《のみしらみ》馬の尿する枕もと」とユーモアたっぷりの句を残している。頃は梅雨本番の七月初めのエピソードである。

尿前の関跡から封人の家までの約五キロは、昔の面影を残すように歩道が整備され、芭蕉の足跡を訪ねることができる。ゴールにある封人の家は、奥の細道で芭蕉が泊まった宿のうちただひとつ現存するものとして一般に公開されている。梅雨時をねらって、芭蕉が難渋した大分水嶺越えを味わってみるのも一興かもしれない。

―中山越　古川から国道四七号線を新庄方面へ約四五キロ。またはJR陸羽東線堺田駅下車。―

28　子規を癒した峠を吹きぬける涼風

このあと芭蕉は、山深い山刀伐《なたぎり》峠をへて尾花沢へ向かい、一〇日間も長留して旅の疲れを癒した。かたや大分水界はというと、芭蕉の旅路と並走しながら南へ進み、古川と尾花沢を結ぶ国道三四七号線（中羽前街道）と鍋越峠（五一〇メートル）で交わる。そこからさらに、テレビドラマ「おしん」の舞台となった銀山温泉を足元に見ながら、山岳信仰の山として知られた船形山（一五〇〇メートル）へと高度を上げていく。

大分水界上を船形山から少し南へ下ったところにあるのが、国道四八号線（関山街道）の関山トンネルだ。ここはすぐ南にある笹谷峠の国道が整備されるまでは、仙台と山形を結ぶ幹線道路であった。現在のトンネルは一九六八（昭和四十三）年にできた新しいものだが、廃道となった旧関山峠（六一〇メートル）には昔の関山トンネル（通行不能。幽霊が出るという噂あり！）が残っている。

正岡子規が芭蕉の足跡をたどって東北地方の旅に出たのが一八九三（明治二十六）年の夏。盛夏の日差しをまともに受けながら関山峠を越す子規には、関山トンネルの涼しさはことのほか心地よかったとみえる。いくらなんでも大げさだと思うのだが、奥羽行脚をまとめた『はて知らずの記』には「汗は将に氷らんとし」とまで書いている。トンネルをテーマにした句もいくつか残しており、子規が目にした光景がありありと目に浮かぶようだ。

「涼しさや羽前をのぞく山の穴」

一方の芭蕉は、知人のすすめによりふたたび奥羽山脈に分け入り、巌が重なる立石寺（山寺）を訪ね、あの有名な句を残している。

「閑さや岩にしみ入る蝉の声」

芭蕉も子規も、奥羽分水嶺の風情を満喫した夏だったことだろう。このあと芭蕉は奥羽山脈に別れを告げ、奥羽分水嶺に源を発する最上川を下るために、川船の船着き場へと向かっている。

――関山トンネル　仙台から国道四八号線を天童方面へ約三五キロ。――

29 茂吉が愛しんだ故郷をのぞむ峠道

面白山トンネルでJR仙山線を越えた大分水界は、面白山高原から蔵王にいたる縦走路に沿って南へ進み、笹谷峠《ささや》（九〇六メートル、日本百名峠）で国道二八六号線（笹谷街道）と山形自動車道を渡る。

笹谷峠の歴史ははるか律令時代にまでさかのぼり、仙台と山形を最短距離で結ぶ道路として千数百年も人々の往来を見つめてきた。全長三三八五メートルの笹谷トンネルが完成したおかげで歴史の表舞台から姿を消した旧笹谷街道ではあるが、訪れる人もほとんどない有耶無耶関跡《うやむやのせき》が往時のにぎわいを伝えている。

笹谷峠というと、今度は歌人・斎藤茂吉の出番となる。

一九四二（昭和十七）年夏、斎藤茂吉は故郷である上山から笹谷峠を越え、笹谷に一泊してから同じ道を引き返している。還暦を迎えた記念の、ちょっとした旅行だっ

蔵王・刈田岳付近から見た熊野岳とお釜。大分水嶺は熊野岳手前の馬ノ背を通る

た。そのときの感慨をこめた歌が、笹谷峠の駐車場のわきに立てられた歌碑に刻まれている。

「ふた国の生きのたづきのあひかよふこの峠路を愛しむわれは」

峠は古くから数多くの詩歌や小説の舞台となってきた。峠にはもともとドラマチックな要素があり、文学のモチーフとしては〝おいしい〟ところだ。そのおかげで、いまでは峠にはたくさんの文学碑が立てられ、こういったものをていねいに探していくだけでも、分水嶺ハンティングにグッと深みがでてくる。

さらに茂吉は、峠だけではなく分水嶺にも引かれるものがあったとみえて、数多くの作品のなかには分水嶺をモチーフにした歌がいくつか残されている。

「分水嶺われ等過ぎつつおもひけり東のながれと西のながれと」（歌集『白き山』）

「たうげにはいづる水あり既にして微かなれども分水界をなす」（猿羽根《さるはね》峠の歌碑）

峠と文学の話をしだすと、それだけで一冊の本になりかねないので、これくらいで我慢して話を先に進めよう。

笹谷峠をあとにした大分水界は、縦走路をさらに南へ進み、樹林帯のなかを蔵王山をめざしていく。

蔵王国定公園の中核をなす蔵王山は、最高峰・熊野岳（一八四一メートル、日本百名山）を中心とした火山の集合体である。刈田岳《かった》（一七五八メートル）のすぐ近くまで大分水嶺を横断する蔵王エコーラインが通っているため、いまではハイキング気分で登れる山となっている。冬になれば巨大な樹氷（モンスター）が見られ、地蔵岳（一七三六メートル）には山形蔵王温泉スキー場がある。

大分水界は、熊野岳から蔵王のシンボルである「御釜」の火口壁を通って刈田岳へとぬけている。蔵王エコーラインの刈田峠バス停あたりは、日本百名峠にあげられた刈田峠（一五二〇メートル）とちがうのは原著に書かれてあるとおり。本当の刈田峠は、バス停から南蔵王縦走路に沿って南へ五〇〇メートルほど進んだ鞍部にあり、正確にいえば大分水界からはずれている。もちろんそんな野暮なことはいわず、刈田峠も大分水界の百名峠に数えあげておきたい。

笹谷峠　仙台から国道二八六号線を山形方面へ約五五キロ。
蔵王（熊野岳）　ＪＲ東北本線白石駅または東北新幹線白石蔵王駅から刈田岳山頂バス停までバスで約一時間四〇分。山頂まで徒歩約四五分。

4

歴史の息吹を伝える南東北の峠道

七ヶ宿街道から安達太良山をへて羽鳥湖へ

30 いまも健在なり名物・峠の力餅

蔵王を過ぎると、大分水界の太平洋側が阿武隈川の流域へと変わる。日本海側はといえば日本三大急流のひとつ最上川の流域。ここから吾妻連峰までは、最上川と阿武隈川という東北第二位・第三位の大河の流域が背中合わせになる区間となっている。

このエリアには、ロマンあふれる峠が連続しており、峠ファンには見逃せないところだ。

北から順にあげると、まずは東北諸大名の参勤交代や出羽三山詣での人々でにぎわい、文化庁が選定した「歴史の道百選」にも選ばれた旧羽州街道の金山峠（六二九メートル、日本百名峠）。次に、国道一一三号線がルート変更になり旧道となってしまった、不動尊と御境目の杉のある七《しち》ヶ宿《しゅく》街道の二井宿峠（五六八メートル）。そして、展望のよい爽快な草原のなかに浜田廣介の詩碑が立つ、国道三九九号線の鳩峰峠（七八〇メートル）である。

大分水界は、栗子国際スキー場にほど近い西栗子トンネルで国道一三号線（万世大路）を越え、すぐ南にある米沢街道の板谷《いたや》峠（七三七メートル、日本百名峠）へと向かう。ここは鉄道史に残る名峠であり、福島から山形にぬける大分水嶺越えのハイライトとして紹介しておきたい。

板谷峠は福島と青森を結ぶJR奥羽本線の最大の難所である。勾配が急なうえに、冬には大量の積雪があり、普通の方法ではとても峠越えはできなかった。そこで採用されたのが「スイッチバック」と呼ばれる方式である。

スイッチバックとは、列車が進行方向を変えながら坂道を登る方法だ。この区間では大沢、峠、板谷、赤岩の四つのスイッチバック駅がつくられていた。そして、峠に掘られたトンネルとあわせ、ようやく奥羽本線が開通したのが一八八九（明治二十二）年五月十五日。すでに一一〇年以上の歴史を重ねているのである。

多くの鉄道ファンを魅了したスイッチバック。それとともに、峠越えに彩りをそえたのが峠駅の名物「峠の力餅」である。

一見なんの変哲もないあんこ入りのお餅なのだが、奥羽本線が開通してわずか二年後には販売をはじめたというから、こちらも一〇〇年以上の歴史をもつ由緒正しきお餅である。多いときには一二個入りの箱が一列車で一五〇箱以上も売れた大ヒット商品である。

ところが、峠の名物にも大きなピンチが訪れることとなる。山形新幹線が開業するにともない、峠駅に停車する列車はわずかに上下六本ずつになってしまったのだ。しかも以前は待ち合わせなどで長かった停車時間も、ほんの二〇秒くらいしかない。これでは商売にならないと、だれもが考えてしまう。

ところがどっこい、峠の力餅はいまなお健在なのである。スノーシェッドにがっちり守られた新しい峠駅の構内では、五代目にあたるご主人の昔ながらの掛け声が響きわたっている。その姿を見ていると、峠の旅情を守ろうという意気込みが、こちらにもヒシヒシと伝わってくる。峠駅というシンプルな名前とともに、この旅情をいつまでも大切にしていきたいものである。

―板谷峠　ＪＲ奥羽本線峠駅下車。または福島から国道一三号線を米沢方面へ約三〇キロ。―

31　分水嶺の上にはほんとうの空がある

奥羽本線を板谷峠トンネルで通過した大分水界は、山形・福島県境から離れて、吾妻連峰の東大巓《ひがしだいてん》（一九二八メートル）に向かって進んでいく。

吾妻連峰は東西二〇キロ・南北一五キロにおよぶ二〇〇〇メートル級の大火山群である。大分水界は、東大巓から一切経山《いっさいきょうさん》（一九四九メートル）にかけての稜線をたどり、磐梯吾妻スカイラインと並走しながら南へ進む。そして、スカイラインの終点である土湯峠（一二四〇メートル）で、福島と会津若松をつなぐ国道一一五号線（旧道）と交差する。

磐梯朝日国立公園の平均標高一三五〇メートルを走る磐梯吾妻スカイラインは、建設省が選定した「日本の道100選」にも選ばれた景勝ルートである。途中には「吾妻八景」と呼ばれる展望ポイントがあり、火山や湿原など変化に富んだ自然の様相が楽しめる。吾妻八景のなかでは、湖見峠（一三九〇メートル）から土湯峠にかけてが、大分水界とほぼ重なり合う分水嶺スカイラインの区間となっている。

そこから大分水界は、鬼面山《きめん》、箕輪山《みのわ》、鉄山と続く縦走路に沿って、アルペン的ムードが楽しめる山として人気の高い安達太良山《あだたら》（鉄山・一七〇九メートル、日本百名山）の頂へと駆け上がる。

安達太良山と聞いて、高村光太郎の有名な詩「あれが阿多多羅山、あの光るのが阿武隈川……」（「樹下の二人」）を思い出さない人はいないだろう。

光太郎が分水嶺を意識していたとは思えないが、この詩を分水嶺的に解説するとどうなるか、やってみよう。

智恵子の故郷である安達町のあたりから見た安達太良山は、南北に長くおだやかな分水嶺が続き、故郷の山にふさわしいやさしいイメージがある。もし逆から見ていたら荒々しい噴火の跡が見えて、詩のイメージが変わってしまう。

分水嶺を真近に見ることのない東京に暮らす光太郎には、安達太良山の雄姿は新鮮な驚きをもって目に映ったことであろう。分水嶺である安達太良山の向こうには、見果てぬ異界の地が横たわっている。逆にいえば、こちら側をやさしく見守ってくれている父なる山であるともいえる。

いっぽうの阿武隈川だが、源流は安達太良山からかなり南に位置する那須連峰の大分水嶺・旭岳（赤崩山、一八三五メートル）にある。その阿武隈川には、安達太良山はもちろんのこと、福島県の脊梁山脈からもたくさんの支流が流れこんでいる。豊富な積雪を抱えた大分水嶺が、母なる阿武隈川を生みだしているといってもよい。

山上は荒々しい姿を見せる安達太良山。中央左手奥の山頂に続く馬ノ背が大分水嶺

このように、分水嶺とそこから流れ出る川は、故郷の自然や風土を代表するモチーフとして非常に優れているのである。そのことを直感的に感じ取った光太郎には「さすが！」というしかない。もうひとつの有名な詩「阿多多羅山の山の上の毎日出ている青い空……」（「あどけない話」）というのも、その延長線にあたるものと思われる。ちょっと強引すぎる解釈のような気がしないでもないが……。

土湯峠　福島から国道一一五号線で会津若松方面へ約三五キロ。
安達太良山　JR東北本線二本松駅から奥岳登山口までバスで約一時間。山頂まで徒歩約三時間（ゴンドラ利用の場合は約一時間三〇分）。

32　猪苗代湖の水は日本海と太平洋に注ぐ

安達太良山をあとにした大分水界は、磐梯熱海温泉と中ノ沢温泉を結ぶ母成《ぼなり》グリーンラインを母成峠（九七二メートル）で渡る。さらに、猪苗代湖にほど近い中山峠（五四〇メートル）のあたりで、郡山と会津若松を結ぶJR磐越西線、磐越自動車道、国道四九号線（越後街道）の交通幹線を越える。

JR磐越西線は「貴婦人」の愛称で親しまれたC57型蒸気機関車が走る路線として

人気がある。

郡山―会津若松間を走る快速「SL磐梯会津路号」（上り）・「SL郡山会津路号」（下り）は、通常ならわずか一時間ほどの距離を、三時間もかけてのんびりと大分水嶺を越えている。SLが定期的に走る路線は全国で九カ所と増えてきたが、大分水嶺を横断するのはこのJR磐越西線とJR山口線しかない。メンテナンスの問題や運転技術の継承など、目に見えない苦労がたくさんあると思うが、分水嶺の旅情を守るためにもぜひいつまでも続けてほしいものである。

SLが通過する中山峠のすぐ東側には、京の川から数えて東に五〇〇番目にあたる（らしい？）五百川《ごひやく》が阿武隈川に流れこみ、太平洋へと注いでいる。一方、峠の西側には日本で四番目の大きさをほこる猪苗代湖がせまり、磐梯山を映す湖水は阿賀野川となって日本海へと流れていく。

と本来はいいたいところだが、現実はそんなに単純ではない。安積《あさか》疎水を通じて、猪苗代湖の水は太平洋側にも注いでいるからだ。

安積地方（現在の郡山市を中心とする地域）の開拓は、そもそも生活の糧を失った不平士族への対策としてはじめられている。本格的に開拓を進めるには水の問題を避けては通れず、その解決策として猪苗代湖の豊富な水を安積平野に送る計画が立てられた。

三年の歳月と巨費を投じた突貫工事の末、一八八二（明治十五）年に安積疏水が完成し、猪苗代湖の水が安積平野の三〇〇〇ヘクタールもの田畑をうるおすようになった。そののちに安積疏水は、水力発電、工業用水、上水道としても利用され、郡山地域の発展に大きく貢献している。

ということで猪苗代湖の水は太平洋と日本海の両方に流れ、厳密にはこのあたりに大分水界は存在しないことになる。猪苗代湖は、じつに一〇〇年以上も前から二つの海の接点という役割を果たしてきたのだ。

このように人為的に分水界が変えられたり消滅したりする例は、そんなに珍しいケースではない。安積疏水のようにはっきりとした目的をもち、自然に深刻な影響を与えない程度に行なうのは許される範囲であろう。

せっかく苦労してつくった太平洋から日本海へぬける「水の道」だが、残念ながらトンネルや堰があるため、船を使っての列島横断はかなわない。しかしながら、この目で確かめて歩くということでも旅のテーマとして十分に魅力的にみえる。だれか挑戦する人はいないだろうか。

母成峠　郡山から国道四九号線・母成グリーンラインを土湯峠方面へ約三五キロ。
中山峠　郡山から国道四九号線を会津若松方面へ約二五キロ。

33　会津藩の運命を決めた大分水嶺での戦い

中山峠から大分水界に沿って少し南に行くと、御霊櫃峠《ごれいびつ》（八七六メートル）というちょっと不気味な名前の峠がある。

峠にある案内板によれば、名前の由来は「山中にある霊石に神霊をうつして五穀豊穣を祈願した」ことからきているそうだ。ここは戊辰戦争の激戦地であり、会津藩の防衛拠点であった峠の頂上付近には、いまでも堡塁《ほうるい》の跡が残っている。戊辰戦争の戦没者を弔ったことから名づけられたといわれても信じてしまいそうな、なんとなく陰気なイメージをもった名前である。

ところでその戊辰戦争だが、会津藩の運命を決めたのは大分水嶺での戦いであったのをご存じだろうか。

会津藩はぐるりを大分水嶺で囲まれており、新政府軍が会津藩に攻め入るには、必ず分水嶺（峠）を突破しなければいけなかった。そのために兵力にまさる政府軍は、会津に通じる一〇カ所の峠に次々と攻撃をしかけていくことになる。戦局を決定的にしたのが、一八六八（明治元）年八月二十日早暁の母成峠での戦いである。板垣退助率いる薩摩・長州・土佐を中心とした二〇〇〇名の政府軍が、峠を守る八〇〇名の幕府軍に襲いかかった。

母成峠も会津藩の防衛拠点として、砲台を築いて防御態勢をしいていた。しかし、兵力が分散していたうえに連戦の疲労がたまり、当日の悪天候も災いしてあえなく政府軍に突破されてしまった。政府軍は、この日のうちに会津若松まであと一歩とせまり、ついに白虎隊に悲劇の出撃命令が下されることになるのである。

――御霊櫃峠　郡山から県道二六号線・御霊櫃林道を猪苗代湖方面へ約二五キロ。――

34 全国でも珍しい那須の登山道国道

そんな人間同士の愚かな戦いを見つめてきた大分水界は、御霊櫃峠からのハイキングコースがのびる三森峠（七七〇メートル）と、かつて会津藩が参勤交代に使った勢《せい》至堂《しどう》峠（七三二メートル）を越えていく。もちろんどちらも政府軍が会津に攻め入った峠だ。

さらに、レジャーエリアとして人気を集めている羽鳥湖《はとり》を真近に見ながら、グランディ羽鳥湖スキーリゾートのある鎌房山（一五一〇メートル）にいたる。人造湖である羽鳥湖の水は鶴沼川となって日本海に注いでいるのだが、ここでもその一部が太平洋側に流されている。

その先にある甲子峠《かし》（一三八七メートル）の付近は、全国でも珍しい「登山道国道」のあるところとして一部マニアの間で知られている。全国一三〇〇万ドライバーのための雑誌『JAFメイト』でも取りあげられたことがあるので、覚えている人がいるかもしれない。

ついこの間まで新潟と福島県いわき市を結ぶ国道二八九号線は、那須連峰の稜線を越える部分で自動車道としては途切れていた。そのかわりに細い登山道でつながっており、甲子温泉側の入り口には見慣れたおにぎり形の国道標識があった。ちょっとした手違いでこうなったらしいが、間違いなくここは国道だったのだ。

さらに奇妙なのは、標識が取りつけられていたポールである。国道標識といえば普通はがっしりとした鉄製ポールにとめてあるものだが、なんとここでは木の棒に取りつけられていた。

自然景観をそこなわないようにとの配慮なのか、単にポールを持ってくるのを忘れたための急場しのぎなのか。いずれにせよ、登山道に立つ国道標識のアンバランス感は、龍飛岬の階段国道の標識とよい勝負をしていた。国道二八九号線の全通にともなって撤去されてしまったのが残念でならない。

現在、甲子峠に行くには甲子温泉から登山道をひたすら歩いて登るか、阿武隈川の源流部を走る超悪路の鎌房林道からエッチラオッチラ攻めていくしかない。二〇〇八(平成二〇)年に那須連峰を貫く全長四キロの甲子トンネルが開通し、東北の分水嶺を越えるルートがまたひとつ増えた。便利になることは喜ばしいが、ここが分水嶺の直下だと思って通る人がどれくらいいるのだろうか。

甲子峠　白河から国道二八九号線・鎌房林道を会津田島方面へ約四五キロ。または甲子温泉の国道二八九号線終点から徒歩約二時間三〇分。

第三章　関東編

関東平野を取り囲む上信越国境の大分水界

那須岳
(三本槍岳)
1917
会津朝日岳
2133
福島県
新潟県
大水上山
1831
会津駒ヶ岳
2133
山王峠
男鹿岳 1777
巻機山 1967
平ヶ岳
2141
燧ヶ岳
2356
荒海山 1581
三国山 1636
清水峠
至仏山
2228
田代山 1971
高原山
苗場山 2145
尾瀬沼
谷川岳
1977
武尊山
2158
白根山
2578
男体山 2486
白砂山 2140
志賀高原
三国峠
野反湖
群馬県
栃木県
横手山
白根山
2305
赤城山
(黒檜山) 1828
宇都宮
四阿山 2354
嬬恋村
鳥居峠
榛名山
(掃部ヶ岳) 1449
高峰高原
地蔵峠
浅間山
2568
鼻曲山 1655
前橋
碓氷峠
軽井沢
妙義山
内山峠
佐久
荒船山 1655
熊谷
長野県
十石峠
ぶどう峠
両神山 1723
埼玉県
三国峠
十文字峠
甲武信ヶ岳 2475
さいたま
金峰山
2599
国師ヶ岳
2592
雲取山 2017
山梨県

1

那須連峰から尾瀬をめぐり奥利根へ
分水嶺を越えれば水芭蕉の園がひらける

35 関東屈指の清流をはぐくむ分水嶺の森

日光国立公園の北に位置する那須連峰は、本州を縦断する那須火山帯に属し、いまなお噴煙をあげる活火山として知られている。茶臼岳（一九一五メートル）を中心に、那須五岳と呼ばれる朝日岳、三本槍岳《さんぼんやり》、南月山《みなみがっさん》、黒尾谷岳《くろおたに》をしたがえ、火山特有の荒々しい山容と山麓に湧く豊富な温泉が多くの登山客を集めている。弘法大師が登ったことから山岳信仰がはじまったという話も残され、御山参りの山としても親しまれてきた。

大分水界はというと、那須連峰北端の甲子山からはじまる縦走路に沿って、三本槍岳（一九一七メートル、日本百名山）の頂へとのびている。

三本槍岳は連峰の最高峰でありながら、アプローチが長いせいもあり、観光客の多い茶臼岳とは対照的に静かな山である。ガイドブックによっては、登りやすい（というよりほとんど登らなくてもよい）茶臼岳のほうを日本百名山として紹介しているものもある。少しの標高のちがいはともかく、大分水嶺である三本槍岳こそが那須の主峰にふさわしいと思うのだが、分水嶺ハンターの身びいきというものだろうか。

三本槍岳を越えた大分水界は、栃木・福島県境に沿って大峠、大倉山、三倉山、さらに男鹿岳へと進んでいく。

稜線の南東側は、林野庁が選定する「水源の森百選」のひとつ「七千山水源の森」であり、関東有数の清流・那珂《なか》川の源流域でもある。

那珂川といえば、東京から地理的に近いせいもあって、最近ではカヌーでの川下りの人気が高い。本田亮氏の傑作エッセイ『サラリーマン転覆隊が行く！』（フレーベル館）のなかでは、全国の川で轟沈を繰り返す転覆隊が華々しくデビューした川として紹介されている。その那珂川源流の碑は、深山ダムから三斗小屋温泉に向かう林道にある。

男鹿岳（一七七七メートル）には稜線を越える県道黒磯田島線がある。以前は超悪路として有名であったが、今は栃木県側が通行止めで、廃道状態になっている。さらに南の山王峠を越える旧国道もやはり通行不能。二本のトンネルの開通により、那須

那須・茶臼岳下から見た朝日岳（右）、三本槍岳（中央奥）へ続く稜線。大分水界は三本槍岳で西（左）へ方向を変える

連峰は歩いて越える山に戻ったようだ。

那須岳（三本槍岳）　ＪＲ東北本線黒磯駅から那須岳山麓までバスで約一時間。山頂まで徒歩約三時間三〇分。

36　大分水嶺の裾野に暮らす平家の落人たち

山王峠（九〇六メートル）では日光と会津を結ぶ国道一二一号線（会津西街道）と野岩《やがん》鉄道が、大分水界と交差している。

会津西街道は会津藩が参勤交代に使った道であり、会津の米や特産物を江戸へと運ぶ物流ルートとして利用されてきた。戊辰戦争のときには、ほかの街道と同じように会津藩が峠を閉鎖したが、ここでもあえなく撃破されている。いまでは会津西街道は歴史の道として観光化され、道筋に残された野仏や道標が往時のにぎわいを伝えている。

野岩鉄道は、国鉄の赤字を理由に建設工事がストップしてしまった旧野岩線を引き受けて建設された第三セクター鉄道である。

最近では〝第三セクター〟と聞くと、反射的に〝放漫経営〟という文字が頭に浮かぶが、こちらはちょっと事情がちがう。野岩鉄道の沿線には温泉や風光明媚なスポットが多く、東京からの直通運転も功を奏して、経営的にはまずまずの成果をおさめているようだ。全線を通じてトンネルが多いため、〝まばたき鉄道〟なる異名をもち、男鹿高原と終点・会津高原尾瀬口の間にある山王トンネルで大分水嶺を貫いている。

その山王峠を過ぎた大分水界は、福島・栃木県境の山々をつたいながら、鬼怒《きぬ》川の源流域へと入っていく。そんななかにある、大分水嶺に近い湯西川温泉郷は「平家の落人の里」として知られている。

壇ノ浦の合戦に破れた平家が、源氏の厳しい追討から逃れるために、奥鬼怒の秘境に身を隠して生活をはじめたといわれている。目立たないように〝鯉のぼりをあげない〟といった源氏の目を逃れるための風習がいまでも残っており、また、不便な山奥で暮らすための生活用品や料理にも、苦労の跡がにじみでている。

平家落人の里と呼ばれている地域は全国に一〇〇カ所から二〇〇カ所もあるそうだが、名の通ったところはなぜか大分水嶺のすぐそばにある。湯西川のほかには、福島県檜枝岐《ひのえまた》村、長野県秋山郷、鳥取県若桜町落折、山口県錦町（現・岩国市）、宮崎県椎葉村、熊本県五家荘などが知られている。

日本の脊梁をなす大分水嶺は山国ニッポンのなかでも最も山深いところでもあり、

彼らが隠れるのに絶好の場所であったのだろう。源氏の目を逃れながら、山村に生きる知恵を再興への夢とともに子孫へ伝え続けた落人たち。そんな人間の営みを分水嶺がやさしく見守り続けていたにちがいない。

山王峠　鬼怒川温泉から国道一二一号線を会津若松方面へ約四五キロ。
湯西川温泉郷　鬼怒川温泉から国道一二一号線・県道二四九号線を福島県方面へ約三〇キロ。または野岩鉄道湯西川温泉駅からバスで約三〇分。

37　縄張りを奪われて子分にさせられた鬼怒川

南会津の山々を西へ進む大分水界は、安ヶ森林道と田代山林道という長い距離のダートが楽しめる峠道を渡り、頂上部にみごとな湿原を抱える田代山（一九七一メートル）へといたる。ここから田代山頂上湿原を通って、山頂からの明るい展望が素晴らしい帝釈山《たいしやく》（二〇六〇メートル）へとつながっている。

ここまで来れば訪れる人も少なく、うまくすれば大自然がつくった庭園を独り占めできる。もっとも帝釈山のすぐ南にまで川俣檜枝岐林道がせまってきており、このあたりは先の二つの林道とあわせてオフロードツーリングの人気が高い。それを思うとやや興醒めしてしまうのだが……。

帝釈山を過ぎてさらに県境の道なき道を西へ進むと、福島・栃木・群馬三県の境である黒岩山（二一六三メートル）を通り、そこから群馬県境に沿うようになる。黒岩山のすぐ南には自然保護問題でもめた奥鬼怒スーパー林道が、鬼怒川の源流地帯をトンネルで貫通している。

さて、この鬼怒川だが、栃木・群馬県境付近に源を発し、利根川に合流したあと銚子で太平洋に注いでいる。川としては利根川の支流ということになっているのだが、こういわれると鬼怒川はやるせないものを感じるにちがいない。

というのは、鬼怒川は利根川に縄張りを奪われてしまったうえに、子分にさせられてしまったからである。「坂東太郎」の名で親しまれてきた利根川は、関東一の広い縄張り（流域面積）をもつ大親分だ。

ところが現在の利根川の下流部は、もともと東関東の川である鬼怒川や小貝川のものであり、西関東を縄張りとする利根川とはまったく別系統のものであった。それが、江戸時代に「瀬替え」と呼ばれる人工的な河川の改修によって、鬼怒川の下流部につけ替えられてしまったのである。

そのおかげで利根川は、東関東一帯を縄張りに加え、日本で最も流域面積の大きい河になった。かたや一国一城の主だった鬼怒川は、何か理不尽なものを感じながらも、しかたなく坂東太郎の子分になったというわけである。

田代山　鬼怒川温泉から猿倉登山口まで国道一二一号線・県道二四九号線・田代山林道を福島県方面へ約四〇キロ。山頂湿原へ徒歩約一時間三〇分。帝釈山へはさらに徒歩約一時間。

38 人の手で変えられた尾瀬の大分水界

黒岩山から尾瀬ヶ原にかけての福島・群馬県境は、日本で唯一の車で越せない県境である。もっとも車というのをマイカーと読み替えるのなら、富山・長野県境も加えなければいけない（扇沢―黒部ダム間だけが関電トロリーバスで通行可能）。前者は尾瀬、後者では北アルプスに通行をはばまれ、自然保護の観点から考えても、今後もこの二つの県境がドライブできるようにはならないだろう。

大分水界は、尾瀬ファンにはおなじみの三平峠、富士見峠、鳩待峠などの峠を通り、燧ヶ岳と並んで尾瀬のシンボル的名峰で、高山植物の宝庫として知られる至仏《しぶつ》山（二二二八メートル、日本百名山）をへて北へとのびている。それに対して福島・群馬県境は、尾瀬沼から尾瀬ヶ原にかけて湿原の中心部を横切っている。

燧ヶ岳から尾瀬ヶ原の奥に至仏山（大分水嶺）を望む

このあたりは分水嶺がはっきりしており、大分水界を県境とするのがどう考えても自然だ。こうしてみると、尾瀬は福島県か新潟県にあるのが本来の姿のように思える。

実際に明治のころは尾瀬の大半を新潟県が占めていたらしい。それが、いつのまにか七割以上が群馬県となり、新潟県はほとんど消えている。確かなことはいえないが、その背景に尾瀬の開発をめぐる各県の思惑がからんでいるような気がしてならない。

水が豊かな尾瀬は開発にねらわれるのも早く、会報『自然保護』（日本自然保護協会）によれば、一九〇三（明治三十六）年に尾瀬ヶ原をダムにする計画がもちあがっている。そして一九二二（大正十一）年に東京電力が尾瀬の水を利用する権利を獲得し、発電に利用する計画を群馬県に申請している。

昭和に入ると電源開発計画が現実味を帯びはじめ、一九四八（昭和二十三）年には尾瀬ヶ原に尾瀬沼の八倍の面積をもつ大貯水池をつくる巨大ダム計画が発表された。このときから〝コケか電気か〟の大論争がはじまることになる。

ところがゴタゴタしているうちに、戦後のどさくさのなかではじまった尾瀬沼の取水工事が完成してしまった。本来は日本海に注ぐはずの尾瀬沼の水の一部を、太平洋に通じる片品川へ流す発電水路ができあがったのである。尾瀬の分水界は人為的に変えられてしまい、現在でも三平下の取水小屋からトンネルを通って関東平野に尾瀬の水が流されている。

発電計画そのものは、果敢な反対運動に加えて県や電力会社のお家事情もあり、中断に追いこまれていった。そのときに運動の中心的な役割を果たした「尾瀬保存期成同盟」が現在の「日本自然保護協会」の母体となっている。

これ以降も何度か電源開発や生活用水に利用する計画が掲げられたが、いずれも日の目を見るにはいたらなかった。東京電力も一九九六（平成八）年には水利権の更新を断念し、尾瀬のダム計画にようやく終止符が打たれたのである。

こうして尾瀬は何回かの水没の危機をまぬがれ、我々は祖先から受け継いだ貴重な景観をいまなお楽しむことができる。〝日本の自然保護の原点〟と呼ばれる尾瀬には、こういう歴史が隠されているのである。

尾瀬　JR上越線沼田駅から大清水までバスで約二時間。尾瀬沼（三平下）まで徒歩約二時間。または沼田駅から鳩待峠までバスで約二時間。尾瀬ヶ原(三又)まで徒歩約一時間三〇分。

至仏山　鳩待峠から徒歩約二時間。または尾瀬ヶ原（三又）から徒歩約三時間。

39　上越国境にある坂東太郎の誕生地

尾瀬のシンボル的な存在の至仏山からは、尾瀬の大パノラマはもちろん、平《ひら》ヶ岳、巻機《まきはた》山、谷川岳へと続く眺望が楽しめる。大分水界はこれらの山をたどりながら、利根川の源流地帯を大きく迂回して、谷川連峰をめざすようになる。

太平洋側は利根川の最奥部にあたり、豊富な積雪が豊かな水を生みだす、関東平野に住む人々にとってはまさに生命線と呼ぶべき豊穣の森が広がっている。至仏山からほど近い奈良俣ダムは「首都圏二五〇〇万人の水瓶」とも呼ばれ、周辺のブナ、ヒバなどの林は「奥利根水源の森」として「水源の森百選」に選ばれている。

平ヶ岳（二一四一メートル、日本百名山）は頂上部に広がる広大な湿原に池塘やお花畑が点在する、〝雲上の楽園〟と呼ぶにふさわしい名山だ。

大分水界は平ヶ岳の頂上付近を通過したのちに、越後三山只見国定公園の南端にあたる群馬県境に沿ってさらに北上していく。そして、大水上山《おおみなかみ》（一八三一メートル）で一八〇度方向転換して、今度は南へと進路をとるようになる。

大水上山南峰の東側斜面には「三角雪渓」と呼ばれる雪渓があり、ここが利根川の源流となっている。稜線上には「利根川水源碑」が立てられ、地形図にもしっかり記載されている。このあたりは、夏になれば高山植物が咲き乱れ、野鳥やカモシカなどの野生動物も多く見られる。そんな手つかずの大自然のなかで、利根川の最初の一滴が生まれ、ひと筋の流れとなって斜面を下り、谷を刻みながら奥利根湖へと続いているのである。

矢木沢ダム（奥利根湖）の集水域である利根川最奥の森を眼下に国境稜線を進む大分水界は、やがて巻機山（一九六七メートル、日本百名山）に到着する。ご存じのように巻機山は、山頂部の池塘と高山植物が魅力の、女性的な優美さをもつ山だ。

ここで興味深いのは、大水上山と巻機山の間にある山々が、群馬側と越後側で呼び名がまったくちがっていることだ。たとえば大水上山は越後側では金掛山と呼ばれていた。ほかの山も調べてみたところ現在の呼び名は両方が入り交じっており、いかにも分水嶺らしい現象だ。

大分水界は、巻機山からは谷川岳をへて三国峠をめざすのだが、この間の約五〇キロには登山道がつけられており、日本でも指折りの大分水嶺トレッキングが楽しめる区間となっている。

このコースには二〇〇〇メートル近い中級の山々が並んでおり、展望や高山植物など登山の醍醐味としては申し分ない。ただし、しばしば太平洋側と日本海側とで天候がまったく異なることがあり、中級の山とはいえ気象変化の激しい点には注意が必要である。四泊五日ほどのテント泊か避難小屋泊まりとなるので、それなりの装備と体力を十分に養って挑戦したいものである。

大水上山　利根川源流の山として知られ、主に新潟県側から登られている。頂上から平ヶ岳方面、巻機山方面に尾根が続いているが、いずれの区間も登山道は整備されていない。ＪＲ上越線六日町駅から野中までバスで約三〇分。山頂まで徒歩約七時間。

巻機山　ＪＲ六日町駅から清水までバスで五〇分。山頂まで徒歩約五時間。

---

2 国境の長いトンネルは大分水嶺だった

谷川岳から三国峠をへて野反湖へ

40 大分水嶺の厳しさが生んだ世界一危険な山

巻機山を出発した大分水界は、ヤブと池塘が連続する上越国境稜線を南へ進み、ジャンクションピークをへてクマザサの原が広がる清水峠（一四四八メートル）に出る。

清水峠は、かつては越後と上州を結ぶ重要な交易路であり、一八八五（明治十八）年には三国街道に代わる道幅五メートルの国道として整備された。ところが完成はしたものの、その直後から相次ぐ豪雪と雪崩で道路がどんどん破損していき、補修が追いつかなくなってしまった。そうこうするうちに、上越線や三国越に取って代わられてしまい、薄命の国道となってしまったのである。

現在の国道二九一号線がいつまでも国境稜線で途切れているのを不思議に思う人がいるかもしれないが、もうこりごりというわけなのだ。いまでは清水越新道は、「歴

武尊山から見た谷川連峰。右から武能岳、一ノ倉岳、谷川岳、仙ノ倉山

史の道百選」のひとつに選ばれているもののの、一部の登山者だけが行き来する静かな峠道（登山道国道）となっている。

清水峠を過ぎれば上信越国立公園に入り、峠でありながら「花の百名山」※に選ばれた蓬《よもぎ》峠（一五三〇メートル）に到着する。淡い紫の楚々としたシラネアオイの姿が楽しめるところだ。さらに武能《ぶのう》岳、茂倉《しげくら》岳、一《いち》ノ倉《くら》岳を通り越し、目のくらむような断崖絶壁を真下に見ながら、オキの耳・トマの耳と二つのピークをもつ谷川岳（オキの耳・一九七七メートル、日本百名山）の頂へと登りつめる。

谷川岳ほど危険な分水嶺は、おそらく世界中どこを探してもないだろう。

ヒマラヤ、ヨーロッパアルプス、ロッ

キー、アンデスなど、世界の名だたる高峰はほとんどすべてが分水嶺だ。ところが、ひとつの山で七〇〇人を超える遭難死者を出しているのは谷川岳だけである。

谷川岳は二〇〇〇メートルに満たない標高にもかかわらず、東面に一ノ倉沢、幽ノ沢、マチガ沢など一〇〇〇メートルにもおよぶ大岩壁群を有している。しかも本州の脊梁山脈ゆえに一年中天候の変化が激しく、冬には世界でも有数の豪雪が降り積もる雪崩の巣窟となる。雪崩が絶壁にますますの磨きをかけ、登山をより困難なものにしていく。

日本の岩場といえば北アルプスの穂高岳や剱岳などが有名だが、上越国境の大分水嶺に特有である地形の複雑さと気象変化の激しさは、これら三〇〇〇メートル級の山々をしのぐ。まさに日本の大分水嶺のもつ厳しさが世界一危険な山を生みだしたといえよう。

清水峠　JR上越線土合駅から徒歩約六時間三〇分。
谷川岳　JR上越線土合駅から天神峠展望台までロープウェイとリフトで約一時間。山頂まで徒歩約三時間。
一ノ倉沢　剱岳・穂高岳と並んで日本三大岩場のひとつに数えられてきた谷川岳を代表する岩場。一〇〇本を超えるルートを有し、今も多くのクライマーを迎えている。

※田中澄江選定の花の百名山は版によって選定が異なっており、本書では『花の百名山　登山ガイド』（山と溪谷社編、山と溪谷社）をベースにしている。

41　極端なコントラストが味わえる国境の大トンネル

「国境の長いトンネルを抜けると雪国であった」（『雪国』川端康成）

いまさら説明の必要がない、だれでも一度は耳にしたであろう有名な書き出しだ。この文章は覚えていても、ここに分水嶺の特質がみごとに表現されていることがわかる人は少ないのではないだろうか。

本州の脊梁を走る大分水嶺は、太平洋側と日本海側を分ける気候の境目でもある。簡単にいえば、冬に晴れる地域と雪が降る地域の境界線だ。それがはっきりと現われるのが上越国境であり、分水嶺の南北（東西）ではまさに風景が一変してしまう。

山歩きやドライブをしているときに、分水嶺の前後で天気がガラッと変わるといった経験をすることがある。峠を登る間は濃霧のなかをずっと雨が降っていたのに、峠を越えたとたんに薄日が差しはじめ、眼下には光を浴びた街並みがきらめいている……といった具合だ。時には天気だけではなく、周囲の地形や植生、さらに家並みや人々の言葉までちがったりする。

こちらの世界を脱して、まったく未知なるあちらの世界が突然に現われる新鮮な驚き。そんなドラマチックな変化こそが、分水嶺でしか味わえない楽しみである。特に上越国境では、太平洋型気候と日本海型気候のコントラストが顕著に現われる。

つまりあの書き出しは、分水嶺の本質を一行に凝縮した、名人芸ともいえる文章なのである。さすが日本を代表するノーベル賞作家だけのことはある。

いまでは国境のトンネルは、JR上越線上りの清水トンネル（長さ九七〇二メートル）、下りの新清水トンネル（同一万三四九〇メートル）、JR上越新幹線の大清水トンネル（同二万二二二一メートル）、関越自動車道の関越トンネル（同一万九二六メートル）の合計四ルートが大分水嶺を貫通している。

このなかでJR上越線上りの清水トンネルの前後にはループ区間があり、土合《どあい》駅と湯檜曽《ゆびそ》駅間のトンネルの切れ目からは、これから下っていくループ線が眼下に見わたせる。また下り線の土合駅は、地上まで四八六段の階段を歩かされる地下駅であり、大分水嶺の〝なか〟に駅があるのは全国でここだけである。

ループ区間　上越線の湯檜曽〜土合間と、土樽〜越後湯沢間は、高度を上げるため、ループ状にトンネルが掘られている。

42　信濃川と利根川の水分かれを一望する国境稜線

谷川岳を過ぎれば大分水界は方角を西に変え、平標山《たいらっぴょうやま》に向けて谷川連峰主脈縦走コースを進むようになる。

この間はオジカ沢ノ頭、万太郎山、エビス大黒ノ頭などピークをいくつも越えていかねばならず、歩くとなると結構バテるところだ。谷川連峰の最高峰・仙ノ倉山（二〇二六メートル）まで登れば、谷川連峰はもちろん遠く北アルプスや富士山までの大パノラマが広がる。苦しい登高の疲れを吹き飛ばすに余りある展望だ。

上越国境から奥秩父にいたる利根川の分水嶺は、日本一の長さをほこる信濃川の分水嶺でもある。いいかえれば、ここでは日本を代表する二つの大河が背中合わせになっており、そういう意味では、上越国境は大分水嶺のスーパースターといってもよい。それを一望できるのが、ここ仙ノ倉山なのである。

仙ノ倉山からはひろびろとした稜線を進み、豊富な高山植物をはぐくむなだらかな草原を山頂部にもつ平標山（一九八四メートル）にいたる。ここで大分水界はふたたび九〇度方向を変え、上信越自然歩道を南へ進み、三国山をへて三国峠（一二四四メートル、日本百名峠）へと下りていく。

「歴史の道百選」にも指定されている三国街道は、かつては関東と越後を結ぶ大切な交易路であった。江戸時代には、主要幹線道路である五街道（東海道、中山道、奥羽街道、日光街道、甲州街道）に並ぶ重要な道とされていた。

そのなかで、上野・越後の境である三国峠は、最大の難所として恐れられてきた。上越分水嶺に特有のすさまじい豪雪地帯にあり、冬の凍てついた街道は旅人をまったく寄せつけなかったからである。

『日本の街道もの知り事典』（児玉幸多監修、主婦と生活社）によれば、三国街道は江戸と佐渡を最短距離で結ぶルートとして、佐渡の流刑地に罪人を送るのにも使われてきたそうだ。のちに江戸幕府は、江戸の治安をおびやかす無宿人たちを捕らえ、佐渡の金山へ強制労働させるために三国街道を使った。現代ではとても考えられない人権無視のやり方だ。

そんな時代だから、佐渡に送られた無宿人たちは、過酷な環境のなかで熾烈な労働を強いられ、生きて帰った者は一人もいなかったという。まさに片道切符をわたされて、大分水嶺を越えていったのである。

現在では国道一七号線の三国トンネルが大分水嶺を貫通し、冬でも難なく峠を越えることができるようになった。新道をつくるにあたっては、日本で初めてクロソイドカーブ（スムーズなハンドル操作で直線道路からカーブへ入るためのつなぎ曲線）が導入され、その記念広場がトンネルの手前に設けられている。

旧三国峠には、トンネルの入り口から登っていくことになる。峠の頂上はちょっとした広場となっており、上野の赤城、信濃の諏訪、越後の弥彦の三つの神様をまつる三国権現の小さなお社がある。

かつて越後の名将・上杉謙信は、関東に攻め入るために合わせて十数回もこの峠を越えたといわれており、付近には戊辰戦争の古戦場もある。驚くほど静かな峠からは当時と変わらぬ上州・越後の山並みが望め、すぐ近くに巨大なスキー場やリゾートマンション群があるのが嘘のようである。

仙ノ倉山　JR上越線越後湯沢駅から元橋までバスで約一時間。山頂まで徒歩約五時間。
三国峠　沼田から国道一七号線を越後湯沢方面へ約三五キロ。
谷川連峰　上信越国立公園の東に位置する谷川連峰は、利根川水系、信濃川水系の源流域にあたり、二〇〇〇メートル近い峰々が大分水嶺としてそびえ立っている。首都圏から近いこともあり登山の対象として人気があるが、気象変化が激しく、有数の豪雪地帯にあるため、注意が必要である。

---

43 太平洋型気候と日本海型気候の中間点に立つ

群馬県境に沿って西へ進む大分水界は、上ノ倉山や白砂山を越えると、野反湖《のぞり》（一五一四メートル）へとつきあたる。

ここで群馬県境は、野反湖の北側をまっすぐに通過している。それに対して大分水界は、湖に沿って南側を大きく迂回して、遠く南・北アルプスを望む国道四〇五号線の富士見峠（一五六一メートル）を越えてから、ふたたび県境と合流している。

美しい自然のなかで神秘的なたたずまいを見せる野反湖だが、意外にもいまからわずか半世紀ほど前につくられた人造湖である。ダムができるまでは野反池と呼ばれる湿原地帯であった。野反湖から流れ出す水は魚野川となり、平家の落人伝説が残る秋山郷を通って、信濃川に合流して日本海へと注いでいる。ダムができるはるか以前に県境が決められたため大分水界とずれてしまったのか、それとも尾瀬のように何か政治的な背景があるのだろうか。

野反湖の観光パンフレットによれば、太平洋型気候と日本海型気候の中間点に位置する野反湖は、年間を通じて気象の変化が激しいらしい。夏は太平洋型気候の影響による梅雨や秋雨のために降水量が多く、冬は日本海型気候の影響で三メートルを超す積雪がある。

気象データだけみると、このあたりは大分水界の北端にある宗谷岬と大変よく似ているそうだ。そういわれてみると、どこか宗谷丘陵を思わせるのびのびとした景色が広がっている。たしかに写真だけ見ていたら北海道だと錯覚しそうなくらい、ちょっと本州離れした景観である。

野反湖まわりは一周約三時間三〇分のハイキングコースになっており、季節に応じてレンゲツツジ、ノゾリキスゲ、ヤナギラン、コバイケイソウなどの花々が見られる。さらに、野反湖周辺のエリアは哺乳動物も豊富で、うまくすればオコジョの愛らしい姿に会えるかもしれない。湿原があった時代は今よりはるかに素晴らしい自然景観が広がっていたといわれており、ダム建設が悔やまれてならない。

この先、野反湖から志賀高原までは上信国境の二〇〇〇メートル級の山々をつたっていく。この間は歩く人も少なく、ひとときの静かな分水嶺トレッキングが楽しめるところである。

野反湖　沼田から国道一四五号線・国道二九二号線・国道四〇五号線を草津方面へ約七五キロ。

---

3 志賀高原から四阿山をへて高峰高原へ

大分水嶺のふもとに広がる高原リゾート

44 スキー場のなかを走る大分水嶺

上信越国立公園の中心に位置する志賀高原は、二〇〇〇メートル級の山々に囲まれた雲上のリゾートである。いまなお原始の姿をとどめる深い森と点在する湖沼。そのなかで、高山植物をはじめたくさんの昆虫や動物が暮らしている。冬には、日本で最大規模をほこる志賀高原スキー場がにぎわいをみせ、年間を通じて大勢の観光客を集めている。

野反湖からのびる大分水界は、横手山スキー場と渋峠スキー場が頂上で接する横手山（二三〇五メートル）にぶつかる。そのあと大分水界は渋峠スキー場の端を通って、国道二九二号線（志賀草津道路）の渋峠（二一五二メートル）へとのびている。

この二つのスキー場は横手山の東面と西面につくられており、スキーヤーにしてみれば、つながったひとつのゲレンデのようにとれる。大分水界はスキー場の境界にもなっており、横手山スキー場の雪解け水は日本海側に流れ、渋峠スキー場のそれは太平洋側へと注いでいる。

前に述べたように、ゲレンデの最上部や周辺部が大分水界に接しているところはいっぱいある。しかしながら、スキー場のなかを通っているところはとても珍しく、横手山・渋峠スキー場のほかには、岐阜県にあるモンデウス飛騨位山スノーパークくらいしかない。

横手山・渋峠スキー場は十一月から六月までと滑走期間が長いことでも有名である。ゴールデンウィークにも豊富な残雪があり、雪不足の年でもバッチリ滑れる。北アルプスの大パノラマを背に陽春の光を浴びながら、太平洋側と日本海側に交互に滑り降りる。疲れたら、大分水界の真上にあるレストハウスが待っている。大分水嶺ならではのスキーライフを楽しむには、絶好のスノーリゾートである。

渋峠は、志賀草津道路が無料化されて国道二九二号線となったために、全部で四五三本を数える国道の最高所となった。この道路は志賀高原と草津温泉を結ぶ観光スカイラインであり、渋峠とそのすぐ南にある山田峠（二〇四八メートル）の間は大分水嶺のほぼ真上を走っている。

道路のすぐ下の群馬側には、紅葉の美しさで知られた芳ヶ平が広がり、真っ赤に染まったナナカマドのなかを草津温泉までの散策コースがつけられている。分水嶺ドライブでは飽き足らない人は、少し足をのばしてみるとよいだろう。

渋峠スキー場　長野から国道四〇六号線・国道四〇三号線・国道二九二号線を草津方面へ約六〇キロ。

45　湯煙あがる利根川で最も熱い水源

大分水界は、湯釜のある白根山（二一六〇メートル）を横に見ながら万座温泉スキー場の最上部を通り、上信スカイラインとからみあいながら進んでいく。毛無峠（一八二三メートル）は文字どおり木が一本もない裸の峠であり、小串硫黄鉱山跡に立つ錆びた鉄塔が荒涼とした雰囲気を倍加させている。その先には、一九九九年に西暦高度の山として注目された土鍋山（一九九九メートル）がある。

志賀高原から草津にかけての一帯は温泉の密集地帯でもあり、湯田中、熊ノ湯、万座、草津など古くから知られた名湯が並んでいる。そのなかでも人気の高い草津温泉に、利根川の源流のひとつがあるのをご存じだろうか。

温泉街の北西のはずれ、志賀高原方面にぬける道の端に西ノ河原と呼ばれる場所がある。ここは草津温泉の泉源のひとつであり、まるで賽の河原のような荒涼とした河原一面から、もうもうとした湯煙とともに温泉が湧き出している。あふれたお湯は、湯川という名のせせらぎとなって温泉街を通りぬけ、下流へと流れ落ちていく。

草津温泉から流れ出る湯川には強い酸性成分（pH二・〇）が含まれ、そのせいで湯川が流れこむ吾妻川の水はまったく利用できなかった。それどころか、植物や魚すら生息できず、鉄やコンクリートまでもボロボロにする〝死の川〟といわれてきた。

そこで、一九六五（昭和四十）年に湯川の酸性を中和するための品木ダムがつくられ、小さく砕いた石灰石と混ぜ合わせてから、下流に流されるようになった。これで、ようやく普通の川と同じように利用できるようになったのである。世界でも珍しい成功例だそうだが、こんな大胆なことをしていて、石灰石がなくなってしまうことはないのだろうか。

ダム湖の水は、温度が高い湯川の水が流れこんでいるため、冬でも凍らない。あたり一面が雪景色となっても、石灰分を多く含んだエメラルドグリーンの湖水が、幻想的な雰囲気を醸しだしている。利根川にはこんな不思議な水も流れこんでいるのである。

草津温泉・西ノ河原　軽井沢から国道一四六号線・国道二九二号線を志賀高原方面へ約四〇キロ。またはJR吾妻線長野原草津駅からバスで約三〇分。
品木ダム　草津温泉から国道二九二号線を長野原方面へ約五キロ。

46　隣り合わせにあるキャベツの里とレタスの里

群馬県嬬恋《つまごい》村は「分水嶺の里」と呼ぶにふさわしい高原の村だ。ちょうど群馬県の北西部が長野県に突き出ているところに位置し、白根山、四阿《あずまや》山、籠《かご》ノ登《と》山、浅間山と大分水嶺にぐるりを取り囲まれている。

トレッキングやスキーなどアウトドアレジャーの盛んな嬬恋村であるが、食材に詳しい人には国内屈指の「キャベツの里」といったほうが通りがよいかもしれない。分水嶺に降り注ぐ雨は広大なキャベツ畑をもうるおし、我々の食卓にみずみずしい大地の恵みを届けてくれているのである。

ここでちょっとおもしろいのは、大分水嶺をはさんだ両側で作られる野菜の種類がまるでちがっていることだ。

大分水嶺の東側はキャベツの栽培が盛んで、群馬県は全国第二位の生産量をほこっ

白根山（左）と湯釜。大分水嶺は志賀へ抜ける山田峠を通る

根子岳から見た四阿山。大分水嶺はスカイラインを右へ鳥居峠へ向かう

ている。ところが大分水嶺の西側にある長野県川上村や南牧村はレタスの一大生産地であり、長野県だけで全国生産量の三分の一近くを占めている。

野菜作りに詳しい人には笑われるかもしれないが、素人にすればキャベツもレタスもたいしてちがいがないように見える。たしかに、キャベツはアブラナ科でレタスはキク科。菜の花と菊では、とても親戚筋とはいえない間柄であるということくらいは、いくら素人でも想像がつく。土壌の質も関係しているのだろうが、ここではやはり分水嶺を境とした気候のちがいが野菜作りに微妙に影響を与えているのだろうか。

嬬恋村　軽井沢から国道一四六号線・鬼押ハイウェイを志賀高原方面へ約二五キロ。または
ＪＲ吾妻線大前駅下車。

47　真田十勇士を鍛えあげた上信国境の分水嶺

大分水界は嬬恋村の村境に沿って進み、関東で最大級のスケールをもつスキー場・パルコール嬬恋スキーリゾートの上部をかすめ、四阿山（二三五四メートル、日本百名山）の登りにかかる。

山の形が東屋に似ていることから名づけられた四阿山だが、これは信州側の呼び名

であり、上州側では吾妻山とされてきた。コニーデ型の火山から流れ出た溶岩が長野県側に菅平高原、群馬県側にはバラギ高原をつくりだした。のびやかな菅平高原からは、噴火で二つに分かれてしまった四阿山と根子岳の寄り添う姿が美しく、高原はラグビーの合宿やスキーに利用されてきた。

そんな菅平高原があるのが長野県上田市真田町だ。この名前を聞けば、歴史に詳しい人ならピンとくるはず。真田幸村でおなじみの戦国武将・真田氏ゆかりの地である。猿飛佐助をはじめとする真田十勇士たちは、ここ真田町で朝な夕な大分水嶺を見上げながら武芸に励んだのである。

四阿山からは、鳥居峠を通って湯ノ丸高原へぬける探勝歩道が設けられ、ほぼ大分水嶺に沿ってトレッキングができる。このコースのなかで真田氏ゆかりのスポットを紹介しておこう。

ひとつは、国道一四四号線(長野街道、キャベツロード)の鳥居峠から五〇〇メートルほど北にある旧鳥居峠(一三六二メートル)だ。ここは真田氏が上州方面に攻め入るための軍事ルートであり、真田氏が沼田地方を手中に収めてからは、本拠地である真田と結ぶ交通幹線として利用されてきた。

また鳥居峠は「ずらだんべの国境」とも呼ばれ、「~ずら」(信州側)と「~だんべ」（上州側）という方言の分水嶺になっている。分水嶺をはさんで言葉やアクセントがちがうことはよくあり、人々の話に耳をすませながら峠を越えるというのも、分水嶺の楽しみのひとつだ。

もうひとつの真田氏ゆかりのスポットは、湯ノ丸山（二一〇一メートル）から近い角間峠を長野側に下りた角間渓谷である。この渓谷には鬼ヶ城、猿飛岩、獅子牢などの奇岩・怪石が立ち並び、「信濃耶馬渓」とも呼ばれている。猿飛佐助がこの渓谷で修行を積んだという言い伝えがあり、そういわれると素直に信じてしまいそうな深山幽谷の名勝である。

四阿山　しなの鉄道上田駅から菅平高原までバスで約一時間。山頂まで根子岳を経由して徒歩約四時間。または鳥居峠から徒歩約三時間三〇分。
鳥居峠　上田から国道一四四号線を長野原方面へ約二五キロ。

48　首都圏から最も手軽に味わえる大分水嶺

湯ノ丸山からは東へ向きを変えた大分水界は、湯ノ丸高原から高峰高原を通り、浅間山をめざすようになる。この近辺は首都圏から最も手軽に大分水嶺に立つことができるところとして、おすすめのエリアだ。

日本一広い平野・関東平野に住んでいるということは、それだけ大分水嶺からの距離が遠いことを意味している。首都圏から最も近い大分水嶺といえば奥秩父の甲武信ヶ岳のあたりになり、直線距離にして一〇〇キロくらいある。これは中京圏（鈴鹿山脈藤原岳付近）、関西圏（京都府園部町付近）の二倍以上にあたる。ちょっと大げさかもしれないが、東京に住む都会人にとって、大分水嶺ははるか彼方の峰々なのである。

ところが湯ノ丸高原から高峰高原にかけてなら、比較的近いうえに交通の便がよく、長野新幹線や上信越自動車道を使えば日帰りも可能だ。

しかも、地蔵峠（一七三二メートル）や車坂峠（一九七三メートル）といった二〇〇〇メートル近い標高まで車で上がれ、労せずして分水嶺の頂に立てる。峠からは大分水界に寄り添うように遊歩道が用意され、ハイキング感覚で分水嶺歩きが楽しめる。だからといって自然や景観に遜色があるでもなし、上信越国立公園にふさわしい第一級の大自然が堪能できる。

さらに湯の丸スキー場とアサマ２０００パークは、ともにゲレンデの頂上が大分水界に接しており、冬には純白の大分水嶺トレッキングも味わえる。

もうひとつおまけをいえば、スキー場に隣接した湯の丸高原ホテル、高峰温泉、高峰高原ホテルなどの宿泊施設は、いずれも大分水界のほぼ真上に建っている。

なかでもおすすめは、ランプの宿として知られる高峰温泉だ。お湯そのものは信州側から引き上げているそうだが、全国でも三カ所しかない大分水嶺のほぼ真上にある温泉のひとつである。信州側にひらけた絶景と満天の星が楽しめる〝雲上の湯〟として人気が高い。

どうだろう。分水嶺ハンティングの初級コースとしては、申し分のないエリアだというのがわかってもらえただろうか。本書を読んで分水嶺に興味をもたれた首都圏の読者は、まずこのエリアに一度足をのばしてみることをおすすめしたい。

高峰高原　軽井沢から国道一八号線・浅間サンライン・チェリーパークラインを嬬恋方面へ約四〇キロ。または、しなの鉄道小諸駅からバスで約一時間。
アサマ2000パーク　上信越道小諸ICから車坂峠へ二〇キロ。

---

4 日本でいちばんポピュラーな大分水嶺の峠

浅間山から上信国境をたどり荒船山へ

49 軽井沢と草津を結ぶ幻の軽便鉄道

浅間山（二五六八メートル、日本百名山）は阿蘇と並ぶ日本で有数の活火山である。雄大な山容の頂からはいつも悠々と煙をたなびかせ、佐久盆地から流れ出る千曲川を眺めている。北側斜面には荒々しい溶岩流の爪痕を残し、北軽井沢の高原台地へと続いている。

かつてこのあたりには、上信国境を越える「草軽鉄道」という名の軽便鉄道が走っていた。

軽井沢・草津温泉間五五・五キロを三時間半もかけてのんびりと走る草軽電気鉄道は、浅間山麓をめぐる高原列車として知られていた。一九二六（昭和元）年に全線が開通し、美しい高原の景色と眺望のよさを売り物に、草津の湯治客や軽井沢の避暑客

篭ノ登山、水ノ塔山、高峰高原、黒斑山をへて浅間山へ連なる大分水嶺

の人気を集めた。特徴的なカブト虫形の電車は、高峰秀子主演の『カルメン故郷へ帰る』や岡田茉莉子主演の『山鳩』など、多くの映画にも登場している。

　ところが、輸送力が貧弱なために国鉄長野原線（現在のJR吾妻線）やバス路線に客をとられてしまい、一九六二（昭和三十七）年にはあえなく廃線となってしまった。いまでは、簡単な説明板と廃線跡を残すのみで、一部の駅舎は飲食店として利用されている。

　皮肉なもので近ごろは、列車は速いばかりが能ではないと考えられるようになってきた。全国二二路線にわたってトロッコ列車が走り、いずれも人気を集めている。この路線も一部でもよいから復活させ、上信国境分水界を縦断するリゾート列車として売り出せば間違いなくヒットすると思うのだが、いかがなものだろうか。

そんな草軽鉄道の廃線跡が残るリゾート地帯を眺めながら、大分水界は浅間白根火山ルート（鬼押ハイウェー）と国道一四六号線を越えていく。そして、鼻曲山（一六五五メートル）で方向転換して、軽井沢の玄関口である碓氷《うすい》峠へ向かって南へ進路をとるようになる。

浅間山　JR長野新幹線軽井沢駅から峰の茶屋までバスで約三〇分。山頂まで徒歩約二時間三〇分（ただし現在は噴火の危険があるため火口周辺は立入り禁止となっている）。

50　大分水嶺の向こうには避暑地が広がる

碓氷峠（一一八〇メートル、日本百名峠）は、全国の大分水嶺のなかで最もポピュラーな峠といってよいだろう。

知名度の点では、小説や映画で有名な野麦峠に一位をゆずるかもしれないが、実際に野麦峠を訪れた人はそんなに多くないはずだ。逆に通過した人が最も多いのが不破関越（関ヶ原）だろうが、峠として意識している人はあまりいない。やはりどうみても碓氷峠がナンバーワンのようだ。

江戸時代の五街道のひとつ中山道は、かつては江戸と京都を結ぶ幹線道路であった。東海道が一二六里五三宿であったのに対して中山道は一三九里六七宿を数えた。距離のわりに宿場が多いのは、山間部を通るため数多くの難所をひかえていたからである。しかしながら、東海道に比べて交通量が少ないうえに、大きな川を渡る必要がなく、東海道を避けてこちらを通る人が少なくなかった。皇女和宮が政略結婚のために江戸へ向かう際にも、警護の都合で中山道が利用されている。

碓氷峠は中山道のなかでも指折りの難所である。上州と信州の境でもあり、上州側の横川には関所が設けられていた。碓氷峠を越えると、軽井沢・沓掛・追分の三宿を通り、街道は中山道と北国街道（善光寺道）へと二つに分かれていった。

旧碓氷峠は、軽井沢別荘地北東の峰上にあり、峠の頂上付近には熊野皇大社やたくさんの文学碑が立てられている。熊野神社のすぐ下からは、太平洋へと向かう碓氷川が湧き出し、峠を駆け降りたのちにふもとの町の貴重な水道として利用されている。

軽井沢の街並みを見下ろす「見晴らし台」という名の小さな公園からは、浅間山、八ヶ岳、北アルプスなどの眺望がひらける。特に夕景の山肌と渓谷の色調の変化が美しいことから「サンセットポイント」の名で外国人たちに親しまれてきた。

いまでは碓氷峠といえば、旧峠の南にある国道一八号線のほうを指している。横川から登ると、一八四もあるつづら折のカーブを曲がらされ、ようやく峠の頂に着いたと思うと突然平坦な直線道路に出る。峠というよりは高原の縁といったほうがピッタリしており、カラマツの林のなかに爽やかな涼風が吹きぬけている。この分水嶺らしいコントラストこそが、高温多湿な日本の夏に辟易していた西洋人を軽井沢に引きつけた最大の理由だといえよう。

旧碓氷峠　JR長野新幹線軽井沢駅から聖パウロ教会前までバスで約一五分。見晴らし台まで碓氷峠遊覧歩道を徒歩約一時間三〇分。

51　変化することで時代を生き抜いた峠の老舗

碓氷峠でもうひとつ忘れてはいけないのが、峠をめぐる鉄道の歴史である。

JR横川駅とJR軽井沢駅の標高差はじつに五五二メートルもあり、JRのなかでも最もきつい六六・七パーミル（一〇〇〇メートル進む間に六六・七メートル登る）もの猛烈な勾配を登らなくてはならなかった。そこで採用された技術が、ドイツで使われていた「アプト式」である。

歯を平面的に並べたラックレールを線路の真ん中に三本敷き、そこに列車の歯車をかみあわせて峠を登ろうというのである。当時としては最先端の技術であり、難工事の末に一八九三（明治二十六）年にようやく鉄道で峠を越えることができた。

このときは平均時速がたった九キロにしかならず、横川・軽井沢間を一時間以上もかけて登ったそうだ。そのため、信越線が複線化する際にアプト式の線路は新しくかけかえられてしまい、当時のトンネルや橋梁は国指定重要文化財として国道一八号線のわきに残されている。いまでは碓氷峠が織りなす優美な自然とともに格好の被写体となっており、ドライブの途中に立ち寄る人が少なくない。

さらに、長野新幹線が開通するにともない信越線の横川・軽井沢間が廃止され、一〇〇年以上にわたる峠越え鉄道の歴史に幕が下ろされてしまった。そのかわりに、JR横川駅の近くに「碓氷峠鉄道文化むら」がオープンし、鉄道史の一ページを飾った歴史的遺産を、新たなる観光資源として活用している。

さて、鉄道プラス峠となると、必ず登場してくるのが食べ物の話だ。なかでも、おぎのやの「峠の釜めし」といえば、知らない人がいないくらい有名な駅弁である。こちらも信越線がなくなってしまいさぞかし大変だと思いきや、板谷峠の「峠の力餅」とはまったく対照的な道で、与えられた境遇を生きぬいている。

おぎのやは、一八八五（明治十八）年に横川駅の構内営業をはじめたというから、こちらも一〇〇年以上の歴史をもつ老舗である。それがいまでは一五カ所でドライブインや売店を経営し、釜飯を中心にバラエティに富んだメニューを提供している。さらにインターネットで特産品などを幅広く販売しており（峠の釜飯は対象外。残念！）、ここまでやる駅弁屋なんて聞いたことがない。

横川駅で釜めしの売り子さんたちが、列車が発車するのに合わせて深々と頭を下げる姿を覚えている人も多いだろう。あの企業姿勢があってこそ、つねに時代の変化を先取りし、社業を発展させることができたにちがいない。峠の力餅とはちがった意味でエールを送りたくなる、峠の釜飯の健在ぶりである。

碓氷峠鉄道文化むら　高崎から国道一八号線を軽井沢方面へ約三〇キロ。またはJR信越本線横川駅下車すぐ。

52　航空母艦のデッキを縦断する大分水界

鉄道の話をしていて話が脱線してしまったので、分水嶺に話を戻そう。

碓氷峠で長野新幹線と国道一八号線を越えた大分水界は、ロマンチックムードあふれる軽井沢プリンスホテルスキー場の頂上をかすめて、入山峠（一〇三五メートル）で碓氷バイパスを渡る。神代の昔、日本武尊が通ったとされる古代東山道の時代の碓氷峠は、この入山峠を指していたらしい。

軽井沢の南の玄関口である新旧の和美峠（九八四メートル）を越えれば、妙義荒船林道と並走するようになり、八風山トンネルで上信越自動車道をまたいでいく。

二〇一〇（平成二二）年から無料化された妙義荒船林道は、舗装はされているものの道幅が狭くてカーブが多く、正直いってあまり快適な道とはいえない。しかしながら、約二〇キロの全線を通じて大分水界と密着して道がつけられ、そういう意味ではAクラスの分水嶺スカイラインである。道路の周辺は妙義荒船佐久国定公園に指定され、車窓からは妙義の山々の特異な山容が望める。

軽井沢から奥秩父にかけての上信国境の大分水嶺には峠道が多く、首都圏から近いこともあり、林道ツーリングによく利用されている。ここからは、上信国境を越える道路を北から順番に紹介しながら、大分水嶺を追っかけていくことにしよう。名づけて〝上信分水嶺越え林道・怒濤の十番勝負〟である。

トップバッターである佐久と下仁田を結ぶ志賀越（一二六六メートル）を軽くいなすと、妙義荒船林道の終点からほど近い内山峠（一〇六三メートル）が現われる。ここはかつて碓氷峠と並んで佐久と上州を結ぶ幹線道路のひとつであった。現在では国道二五四号線の内山トンネルが大分水嶺の直下を貫通し、上信越自動車道や国道一八号線の抜け道として、交通量の多いところでもある。

内山峠では、大分水嶺である荒船山（一四二三メートル）の高さ一七〇メートルの大岩壁に視界が圧倒される。岩壁の上には、山名の由来となった幅四〇〇メートル・長さ約一キロにおよぶ浸食台地がひらけ、しばしば〝航空母艦〟に例えられている。天気のよい日には、足元がすっぱり切れ落ちた、船尾にあたる艫《とも》岩から浅間山や八ヶ岳の大展望が楽しめる。

大分水界は、デッキの上のどこかを縦断しているはずなのだが、地形図を見てもほとんど平らでよくわからない。現地を訪れても、雑木林でおおわれているために微妙な起伏がわかりにくく、正しい位置をつかむのは難しいようだ。

妙義荒船林道　軽井沢から県道四三号線を下仁田方面へ約五キロ。
荒船山　ＪＲ小海線中込駅から初谷までバスで約三〇分。山頂まで徒歩約三時間。

53 上信分水嶺越え林道・怒濤の十番勝負

三番目の田口峠（一一七五メートル）は、大分水界が一瞬だけ群馬県境から離れた区間にある。『自転車旅行案内』（サイクルフィールド編、山海堂）によれば、その昔に信州側にある田野口藩と幕府が国境を決めるにあたり、夜明けとともに両方から走って、出会ったところを境界線にしたそうだ。その際に、田野口藩は暗いうちに鶏に鬨《とき》の声をあげさせてひと足早く出発したため、峠を越えた関東側に境界を拡大できたらしい。なんというアバウトな境界の決め方なのだろう。

その田口峠をあとに、かつて武田信玄が攻め上った余地峠（一二六九メートル）、そのすぐ南にある全面舗装された大上林道の大上峠（一一一〇メートル）を過ぎる。ここから、いよいよ十番勝負の核心部へと入っていく。

六番目にあげるのが、埼玉と茅野を結ぶ国道二九九号線（武州街道、一部村道）の十石峠《じっこく》（一三五六メートル、日本百名峠）だ。ほとんどが舗装路となったが、道幅が狭いうえ曲がりくねっており、〝酷道〟と呼ばれる超悪路である。一日に十石もの米が運ばれたことから名づけられたそうだが、こんな山深い峠にそれほどの往来があったとは、にわかには信じがたい。

十石峠から群馬県側へ渓流沿いに滑り降りたところに群馬県上野村がある。人々の記憶も薄れがちになってきたが、一九八五（昭和六十）年の日航機墜落事故の際に捜索活動の拠点となった村である。御巣鷹《おすたか》山の墜落現場に行くには、村からさらに険しい山道を奥深く入り、最後は二キロあまりの登山を強いられる。当時の救助活動の困難さはいかほどだっただろうか。

十石峠のすぐ南には七番目の栂峠（一五七〇メートル）があるが、残念ながら信州側からの林道は頂上に達しておらず、最後は歩いていくしかない。

その次のぶどう峠（一五〇〇メートル）には、頂上近くに日航機墜落事故の碑が立てられている。これまた舗装路ながらも険しい武道峠林道（県道一二四号線上野小海線）が上野村から通じており、峠からの眺望が厳しいドライブの苦労を忘れさせてくれる。

ぶどう峠から大分水界をさらに南に行けば、いよいよ群馬県側に約一七キロにもおよぶロングダートが続く中津川林道の三国峠（一七五〇メートル）のおでましとなる。十番勝負も終わりが近くなるとさすがに手強い。峠のすぐ北側にある三国山（一八三四メートル）は埼玉・群馬・長野の県境であり、ここから秩父多摩甲斐国立公園がはじまっている。

中津川林道は埼玉・長野県境を越えるただひとつの自動車道でもある。ちなみに、県境を越える道路が一本しかないのは埼玉・長野県境のほかに、長野・富山県境（立山黒部アルペンルート）、埼玉・山梨県境（国道一四〇号線・雁坂トンネル）、岐阜・石川県境（白山スーパー林道）の合計四カ所だけだ。先に述べた車で越せない県境といい、日本という国は我々の想像以上に山深いところが多いようである。

三国峠のさらに南にあるのが、十番勝負の最後を飾る十文字峠（二〇三〇メートル、日本百名峠）だ。昔は江戸と信州を結ぶ最短ルートとして盛んに利用されたそうだが、今では登山者だけの世界となり、車での峠越えはかなわない。

長野・埼玉どちら側から登っても、林道の終点から二時間くらい歩かされ、三国峠からなら大分水界に沿って四時間ほどの尾根歩きの末にようやく到着する。峠付近には、コメツガやシラビソを中心とした亜高山性針葉樹林におおわれる鬱蒼とした森が広がり、それだけに歩き甲斐は十分にある。

そして十番勝負を見とどけた大分水界は、奥秩父の峰々をつたうべく、十文字峠をあとに甲武信《こぶし》ヶ岳の頂をめざしていくのである。

十石峠　佐久から国道一四一号線・国道二九九号線を秩父方面へ約二五キロ。
三国峠　佐久から国道一四一号線・県道六八号線・中津川林道を秩父方面へ約五〇キロ。

第四章　中部編

日本の秀峰をつなぐ大分水嶺トレッキング

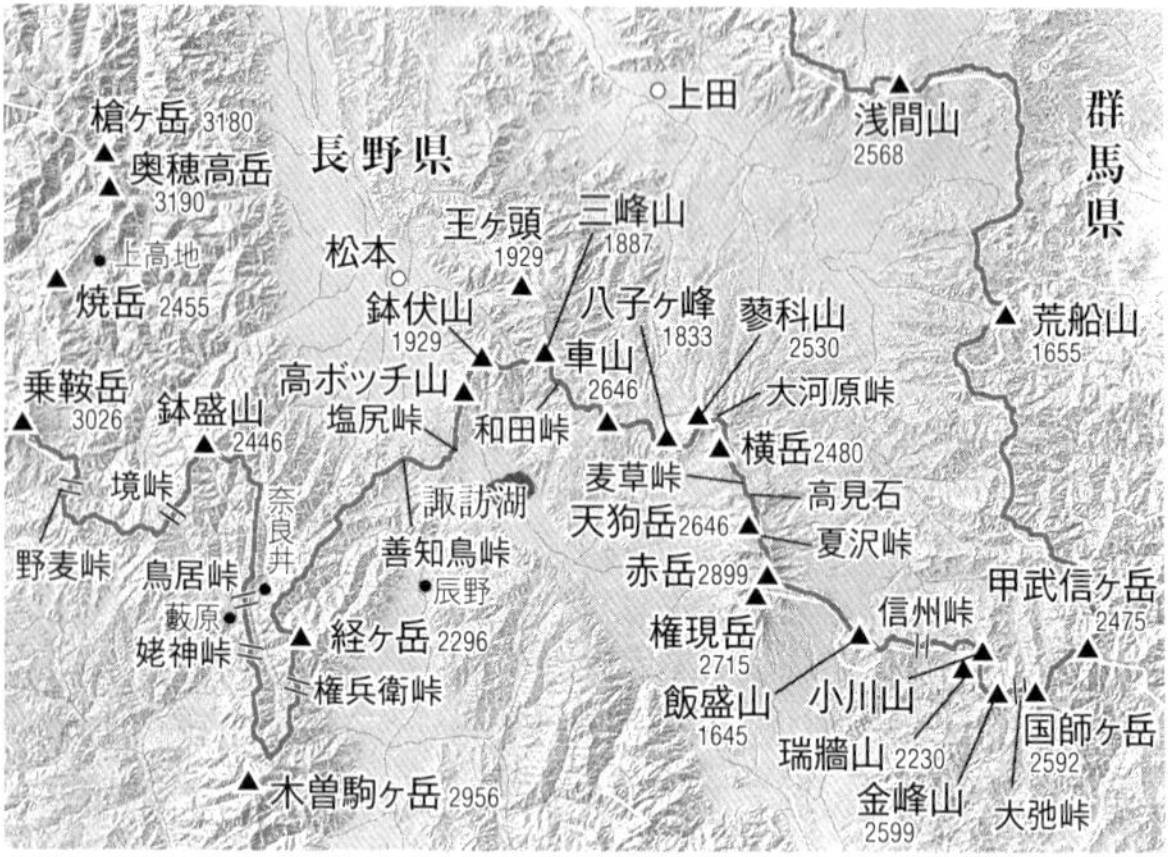

槍ヶ岳 3180
奥穂高岳 3190
上高地
焼岳 2455
乗鞍岳 3026
鉢盛山 2446
境峠
野麦峠
長野県
松本
王ヶ頭 1929
鉢伏山 1929
高ボッチ山
塩尻峠
奈良井
鳥居峠
藪原
姥神峠
経ヶ岳 2296
権兵衛峠
木曽駒ヶ岳 2956
諏訪湖
善知鳥峠
辰野
上田
三峰山 1887
車山 2646
和田峠
八子ヶ峰 1833
蓼科山 2530
大河原峠
横岳 2480
麦草峠
高見石
天狗岳 2646
夏沢峠
赤岳 2899
権現岳 2715
飯盛山 1645
浅間山 2568
群馬県
荒船山 1655
甲武信ヶ岳 2475
信州峠
小川山
瑞牆山 2230
金峰山 2599
国師ヶ岳 2592
大弛峠

1 甲信国境の大分水界は森林と展望が魅力

甲武信ヶ岳から金峰山をへて野辺山へ

54 三つの大河の源をもつ奥秩父の名峰

奥秩父の中核をなす甲武信ヶ岳（二四七五メートル、日本百名山）は、山名が表わすように山梨（甲斐）・埼玉（武蔵）・長野（信濃）の県境に位置する。中部地方を流れる代表的な三つの川の源であり、まさに大分水嶺の盟主と呼ぶにふさわしい名峰である。

甲武信ヶ岳の山頂から長野側を見下ろせば、島崎藤村の詩や五木ひろしの歌で有名な千曲川の源流がある。

「千曲川・信濃川水源地標」は梓山から西沢沿いの登山道を約四時間ほど登った道のわきに立てられている。あたりはシラビソの林と苔むした倒木におおわれ、いかにも奥秩父らしいところだ。ここで産声をあげた千曲川は、八ヶ岳連峰と上信国境連山の間を通って北へ向かう。そして、北アルプスの槍ヶ岳を源流とする犀《さい》川と合流したのち、信濃川と名前を変えて日本海へと注いでいる。

長野・新潟県を縦断する信濃川は全長三六七キロをほこり、現在では日本一長い川とされている。ところが、信濃川という名前の川は新潟県にしかなく、長野県を流れている間はずっと千曲川である。県境を越えたとたんに名前が変わるのだ。

川の名前は合流点から変わるのが一般的で、このようなケースはあまり例がない。そんなわけで、信濃川という名前の川は実際には一五〇キロくらいしかなく、日本一からはほど遠い。残り二〇〇キロ以上は本当は千曲川なのである。

次に甲武信ヶ岳山頂から埼玉県側に目を転じてみよう。そこには、首都圏の人にはなじみの深い荒川の源流がある。

甲武信小屋の近くには「荒川源流点の碑」が立ち、東京湾までの一七三キロの長い旅がここからはじまっている。奥秩父では静かに流れる荒川だが、下流ではその名のとおり洪水をおこしやすい川として人々を悩ませてきた。その対策として、二〇年にもおよぶ大工事の末につくられた放水路が現在の荒川であり、昔の荒川はいまの隅田川にあたる。流域人口は約九二〇万人で、日本一人口密度の高い一級河川といってよいだろう。

さらに甲武信ヶ岳山頂から山梨県側を見れば、富士川の支流である笛吹川の源流がある。

こちらには源流の碑はないが、甲武信小屋直下の揚水ポンプのあるあたりが源流点とされている。笛吹川といえば西沢渓谷の人気が高いようだが、笛吹川東沢のほうも奥秩父屈指の渓谷美であるといわれてきた。両門ノ滝、千畳のナメといった景勝をもつこの谷は、かつては甲武信ヶ岳への唯一の登山ルートであった。

笛吹川は、南アルプスと八ヶ岳に端を発する釜無川と合流し、富士川と名前を変えて駿河湾へ流れこんでいる。富士川は、最上川、球磨川と並ぶ日本三大急流のひとつであり、こちらも大洪水をおこす川として恐れられてきた。

特に笛吹川と釜無川が合流する甲府盆地は、たびたび洪水の被害にあい、付近の住民は大変な苦労を強いられてきた。その対策として、信玄堤や万力林などの巧みな事業をおこなったのが、名治水家としても名高い戦国武将・武田信玄である。

甲武信ヶ岳　JR小海線信濃川上駅から梓山までバスで約三〇分。山頂まで徒歩約五時間。または大弛峠から徒歩約五時間。

千曲川信濃川水源地標　梓山からこの水源地標をへて甲武信ヶ岳に至るコースは、「千曲川源流遊歩道」という名のもとに道の整備がしっかりとなされ、人気を呼んでいる。日本一長

い信濃川を遡り、最初の一滴を確認したのちに甲武信ヶ岳を越えて太平洋側に下るなど、分水嶺を意識した登山計画を立ててみてはいかがだろうか。

55 気軽に楽しめる奥秩父大分水界縦走コース

甲武信ヶ岳からは奥秩父主脈縦走路に沿って、大分水界はさらに西へと進んでいく。東沢、西沢の両渓谷を眼下にしながら稜線をたどると、国師ヶ岳（二五九二メートル）の頂に達する。ここは奥秩父でも最も山深いところだったのだが、林道がすぐ近くの大弛峠《おおだるみ》（二三六〇メートル）まで開通したために、逆に最も簡単に登れる山となってしまった。

その大弛峠へは、国師ヶ岳から奥秩父の最高峰・北奥千丈岳を南に見ながら樹林帯を西へ下ると、ほどなくぶつかる。

大弛峠に通じる川上牧丘林道は、二〇〇〇メートル級の大分水嶺を越える第一級の分水嶺横断林道だ。現在、山梨県側は舗装されているものの、長野県側は未舗装の悪路が続きワイルドなドライブが味わえる。長野県側はロッククライミングとキャンプで人気の高い廻目平《まわりめだいら》に通じている。

左奥の甲武信ヶ岳から国師ヶ岳、北奥千丈岳（右）、朝日岳（中央）へ続く奥秩父の大分水嶺

金峰山から見た八ヶ岳連峰。左の編笠山から主峰・赤岳をへて蓼科山へ連なる。右の岩峰群が瑞牆山

大弛峠からさらに縦走路を行けば、奥秩父で最も人気が高くアルペン的な山容をもつ金峰山《きんぷ》（二五九九メートル、日本百名山）に出る。山頂には、まるで大分水界の目印のような、五丈岩と呼ばれる大岩がのっかっている。

金峰山からは大分水界は北へと方向を変え、岩峰が立ち並ぶ瑞牆山《みずがき》（二二三〇メートル、日本百名山）を西に見ながら、奥秩父の西端に位置する小川山（二四一八メートル）へと進む。

ここで、三国峠にはじまった全長四〇キロにおよぶ奥秩父大分水嶺の縦走コースはゴールを迎える。このコースは奥秩父特有の鬱蒼とした森林と稜線からの大展望が味わえ、大分水嶺のなかでも歩きごたえのあるところだ。しかも山小屋が適当な間隔で建っており、よく歩かれたコースでもあるので、気軽に楽しめるのがありがたい。機会を見つけてぜひ一度挑戦してみてほしい。

大弛峠　甲府から国道一四〇号線・杣口林道・川上牧丘林道を川上村方面へ約五〇キロ。ここから金峰山へは徒歩約二時間三〇分。国師ヶ岳へは徒歩約一時間。

56　高原のパノラマ列車でJR最高所を越える

小川山をあとにした大分水界は、少しずつ高度を落としながら西へ進んでいく。そして、瑞牆山を真近にあおぐ信州峠（一四六四メートル）を越えると、飯盛山《めしもり》（一六五三メートル）への登りにかかる。

美しい円錐形をした飯盛山は、山頂近くまで放牧地が広がり、ハイキング気分でだれでも簡単に登れる山として人気がある。八ヶ岳連峰の格好の展望台として知られ、八ヶ岳から奥秩父へとつながる大分水嶺が一望のもとに見わたせる。

飯盛山から旧レーシングキャンプ野辺山の最上部をかすめ、観光客でにぎわう清里高原を見下ろしながら、大分水界はハイキングコースを下っていく。

その先にあるのが、JR小海線と国道一四一号線（佐久甲州街道）が通る野辺山峠（一三七五メートル）だ。このあたりは、昔は人家のない荒野が広がり、冬場には遭難者が多かったらしい。いまでは鉄道ファンにはおなじみの「JR鉄道最高標高地点」として人気が高く、標柱の前でシャッターを切る観光客が多い。

最高標高地点と聞くと、さぞかし険しい山の頂にあると思われるかもしれないが、実際には平坦な高原のほんのわずかな膨らみにすぎない。標高一三七五メートルとい

JR 鉄道最高地点は小海線清里駅－野辺山間、国道 141 号線の踏切付近にある

えば、首都圏なら丹沢山塊の端にそびえる大山《おおやま》、関西圏なら琵琶湖を見下ろす武奈《ぶな》ヶ岳より一〇〇〇メートル以上も高いところを走っている。そのさまを想像してみると、〝空にいちばん近い列車〟というキャッチフレーズもあながち大げさではないような気がする。

小淵沢・小諸間七九キロを結ぶＪＲ小海線は、一〇〇〇メートルを超える高地を走る高原列車として人気が高い。小淵沢から約五〇〇メートルの標高を駆け上がり、小諸に向かって約七〇〇メートルを下っていく。その頂点にあるのが野辺山峠で、こういわれると平坦に見えることの地点が立派な峠であることがわかる。

しかも全線を通じて、八ヶ岳の山麓か

ら千曲川の渓流に沿って走っているため、車窓から眺める風景の美しさは折り紙つきだ。大分水嶺の山々だけ数えあげても八ヶ岳連峰、蓼科《たてしな》山、車山、金峰山、荒船山、浅間山などが望め、ここほど大分水嶺を展望するのにふさわしい路線はない。さらに遠くには南アルプス、北アルプス、富士山なども顔をのぞかせ、日本随一の山岳展望パノラマ列車といってもいいすぎではないだろう。

飯盛山　JR小海線清里駅または野辺山駅から徒歩約二時間。
野辺山峠　甲府から国道二〇号線・国道一四一号線を佐久方面へ約四〇キロ。

57　分水嶺という名のサスペンス小説

さて、いよいよこれから大分水界は八ヶ岳への登りにかかるのだが、その前にこの大分水嶺を舞台にした一冊の本の話をしておこう。

『日本百名山』（深田久弥、新潮文庫）や『日本百名峠』（井出孫六、マリンアド）など、山や峠をテーマにした本はたくさんあるが、ズバリ分水嶺をあつかったものとなるとほとんど見当たらない。たまに見つけたと思っても、ビジネス関係の本だったりしてガッカリさせられてしまう。

たとえば『大分水嶺』(長谷川慶太郎、講談社)という本がある。手にとってみると「成長か衰退かの試練は待ったなし!」「『冷戦』体制の枠組を新視点で解明し、二一世紀に生き残る基本戦略を提示」なんて勇ましい文句が並んでいる。

どうやら「我々は重大な岐路に立っているんだぞ」ということを分水嶺というキーワードで表現したいらしい。たしかに、ビジネスマンを引きつけるには効果的な言葉かもしれない。

このように、作品のなかで分水嶺という単語がどのような意味で使われているのかを調べていくのは、それなりのおもしろさがある。しかし、分水嶺ハンターとしてはやはりストレートに分水嶺をテーマとした作品が読みたい。

そう思って探しているうちに見つけたのが『分水嶺』(森村誠一、角川文庫)である。

物語は北アルプス穂高岳での遭難事故からはじまる。主人公は、稜線から信濃側に転落した親友を助けるために、とっさに飛騨側に飛び降りて決死の救出を果たす。穂高岳は大分水嶺ではないが、梓川(信濃川水系)と蒲田川(神通川水系)を分ける分水嶺である。分水嶺をはさんで命をつなぎあったこの事件が伏線となってドラマは展開していく。

次に登場する分水嶺は那須高原だ。ここで主人公とヒロインのその後の運命を決める出来事がおこる。そして物語の終盤で登場するのが、大分水嶺の八ヶ岳である。大きな過ちを犯そうとしている親友を説得するために清里を訪れた主人公。しかし、親友との溝は埋めようもなく、一人で冬の八ヶ岳を登りはじめる。ところが、山頂を前に力尽きてしまい、今度は親友に助けられて一命をとりとめる。この事件を契機に、かたくなな親友の心に変化が芽生え、意外なクライマックスへと進んでいく。

この作品は、読者の心をつかんで離さない読みごたえのある社会派サスペンス小説であり、そのなかで分水嶺は人生の岐路や運命の分かれ道を演出する舞台として、とても効果的に使われている。森村氏の第四作目の長編小説にあたり、山岳や毒ガスなどその後の作品のテーマがあちこちに見うけられるのも興味深い。森村ファンにとってもはずせない一冊ではないだろうか。

タイトルに分水嶺がついた本　このほかにも、『分水嶺』（高田博厚、岩波現代文庫）、『夜の分水嶺』（志水辰夫、徳間文庫）、『未来への分水嶺』（船井幸雄、ＰＨＰ研究所）、『分水嶺に立つ日本経済』（長瀬要石、筑波書房）、『日本外交の分水嶺』（岡崎久彦、ＰＨＰ研究所）、『いのちの分水嶺』（石川恭三、集英社）などがある。

---

2 日本最長の大分水嶺縦走コース Vol.1

南八ヶ岳から夏沢峠をへて麦草峠へ

58 あらゆる登山の楽しみが凝縮された八ヶ岳

八ヶ岳は、南北二〇キロ以上にわたって並ぶ大小一五もの峰々の総称である。長野県の最南部に雄大な裾野を広げ、小さな山脈といってもよいくらいのスケールがある。

もともとこの山は、本州を東西に分ける巨大な大地の亀裂（フォッサマグナ＝大地溝帯）に沿って古い火山が集まったものだ。八ヶ岳に降った雨や雪は、東側では千曲川に集められて日本海へと注ぎ、西側は天竜川と富士川に流れこんだあと太平洋で合流している。

八ヶ岳が登山者を魅了してやまないのは、岩稜、森林、湖沼、高山植物、草原、温泉など、あらゆる登山の楽しみがここにギュッと凝縮されているからであろう。

交通の便がよいうえに、山麓からもアクセスしやすい。しかも冬でも晴天の確率が高く、積雪も少ないことから、冬山の入門コースとしても人気が高い。いわば、都会のサラリーマンにはうってつけの山なのである。

八ヶ岳から蓼科・霧ヶ峰を越え塩尻峠へと、八ヶ岳中信高原国定公園の核心部を歩く一〇〇キロあまりの道のりは、大分水嶺で最長の縦走コースとなっている。宿泊施設が豊富にあるうえに、エスケープルートもあちこちにあり、安心して歩けるのがうれしい。これだけの距離をさしたる装備を持たずに歩けるところは、全国でここしかない。

人並みの体力がある人なら六泊七日くらいあれば歩き通せるはずだ。まとまった時間がとれないのなら、少しずつコースを区切ってゆっくりと歩いてみるとよい。大地と水の営みに思いをはせながらマイペースで歩く。それが分水嶺トレッキングの正しいスタイルなのだから。

59 県界尾根を駆け登り主峰赤岳をめざす

というわけで、ここからしばらくは「八ヶ岳中信高原・大分水嶺縦走コース」を山岳ガイド風に紹介していこう。

大分水嶺縦走コースの第一章〝岩稜の旅〟は、長大な県界尾根から主峰赤岳（二八九九メートル、日本百名山）をめざす標高差一五〇〇メートルの強烈な登りからはじまる。

赤岳への登山は、諏訪側の美濃戸口から入るのがメインコースで、中高年の百名山派を中心ににぎわっている。かたや長野・山梨の県界尾根づたいに登るこのコースは、比較的登山者が少なく、静かで豪快な山歩きが堪能できる。縦走コースのなかで最もハードなところだけに、マイペースを心がけたい。自信のない人は、無理をせずに美濃戸口から入ることをおすすめする。

スタートはJR小海線の清里駅か野辺山駅で、どちらから登っても三〜四時間で小天狗（二一七八メートル）と呼ばれる岩の突起に達する。登山者は、ここで県界尾根に沿って赤岳へとのびている大分水界と合流する。右側は千曲川の流域、左側は釜無川の流域だ。尾根の左右に降った雨は、それぞれ長い旅を経て日本海と太平洋に注ぐことになる。

大天狗を越えてさらに二時間ほど県界尾根を登れば、ようやく赤岳の頂上に到着する。八ヶ岳連峰の最高峰で、赤褐色の山肌をしていることから名づけられた。山頂からは、北にこれから歩く八ヶ岳から蓼科にかけての大分水嶺、南に南アルプスの峰々と奥秩父、遠くにポッカリと浮かぶ富士山の姿が美しい。日本の大分水嶺のなかでも指折りの大パノラマだ。

赤岳からの展望を楽しんだら、大同心・小同心の岩峰をしたがえた横岳（二八二九メートル）、荒々しい爆裂火口をもつ硫黄岳（二七六〇メートル）をたどって、北へと進んでいく。いわゆる南八ヶ岳主稜縦走路と呼ばれる、八ヶ岳でも最も人気が高いところだ。アルペン的な味わいをもった岩稜と、独立峰ならではの大展望が味わえる快適な大分水嶺トレッキングとなるだろう。

八ヶ岳（赤岳）　ＪＲ中央本線茅野駅から美濃戸口までバスで約四五分。山頂まで徒歩約四時間三〇分。県界尾根経由の場合はＪＲ小海線清里駅または野辺山駅から徒歩約六時間三〇分。

60　北八ヶ岳で森と湖のコントラストを楽しむ

硫黄岳から少し下ると、諏訪と佐久を結ぶ交通の要所だった夏沢峠（二四三〇メートル）にいたる。

この峠は、険しい岩稜を集めアルペン的な山容をもつ南八ヶ岳と、濃密な樹林帯と神秘的な湖沼をもつ北八ヶ岳の接点となっている。日本第二位の高所にある本沢温泉と、夏沢鉱泉とを結ぶ登山道がここで交わり、いわば八ヶ岳の十字路のような峠だ。

八ヶ岳は夏沢峠を境に山の様相が大きく変わり、ここから大縦断コースの第二章〝森と湖の旅〟がはじまる。

夏沢峠からさらに主稜縦走路をたどり、東天狗と西天狗のふたつの頂をもつ天狗岳（西天狗・二六四六メートル）をめざす。主脈上にあるのは東天狗で、その頂からは南北八ヶ岳の展望がすばらしく、山麓に目を転じれば尾根と沢の重なりがどこまでも続いている。

地図を見ても、八ヶ岳の両側には数え切れないほど川が放射状にのびているのがわかる。さらに地表を流れる水の一部は伏流水となり、山麓に豊富な湧き水を提供している。たとえば環境庁の「名水百選」に指定された「八ヶ岳南麓高原湧水群」の三分一湧水は、一日に八五〇〇トンもの水が湧き出し、付近の広大な農地をうるおしている。八五〇〇トンといえば、計算してみると、なんと二五メートルプール二〇杯分以上になる。分水嶺の裾野をおおう濃い緑が、本当にあふれんばかりの水を生みだしているのである。

天狗岳の次にめざす展望ポイントは、まるで積み上げたように岩塊が重なる高見石

北八ヶ岳・東天狗から擂鉢池、中山、北横岳、蓼科山を望む

の頂（二一二七〇メートル）だ。ここからは周囲の山はもちろん、大分水界のすぐ東側にある白駒池に目が吸い寄せられる。幻想的な湖面と、池を取り囲むように広がる針広混交の原生林が、北八ヶ岳らしい自然美を見せてくれる。

大分水嶺を下りて池の周囲を歩けば、まるで北欧の森にいるようなロマンチックな気分にさせてくれる。森の香りを胸いっぱいに吸いながら、のんびりと散策を楽しみたいエリアである。

夏沢峠　ＪＲ中央本線茅野駅から上槻木までバスで約三〇分。峠まで徒歩約五時間三〇分。
高見石　ＪＲ中央本線茅野駅から麦草峠までバスで約一時間。山頂まで徒歩約一時間。

61　大分水嶺を二度横断する第一級の山岳国道

高見石から北に下っていけば、笹原の広がる麦草峠（二一二七メートル）に出る。八ヶ岳連峰を横断するただひとつの自動車道である国道二九九号線が峠をゆるやかに越えている。

麦草峠は、少し前まで国道最高所としてライダーたちの人気を集めていた。ところが、前に述べた志賀草津道路（国道二九二号線）が無料開放されたために、渋峠（二一七二メートル）に一位をゆずってしまった。人間の都合でチャンピオンの座をうばわれたのでは、麦草峠も釈然としないものがあるにちがいない。

ところで、国道二九九号線という名前に聞き覚えはないだろうか。関東編で紹介した上信国境の十石峠を通る、超ハードな山岳国道だ。

この国道は、始点である埼玉県入間市から約一二〇〇メートルの標高を登って十石峠を越え、約六〇〇メートル下って千曲川を渡る。そこから今度は麦草峠へ約一四〇〇メートルを登り、ほぼ同じだけ下って終点である長野県茅野市に着く。大分水嶺越えをまともに二回もさせられる、こんなシビアな国道はめったにない。

国道二九九号線は、「メルヘン街道」というかわいげな愛称をもらっているが、それとはまるで似つかわしくない、じつに男っぽい第一級の山岳国道なのである。林道ファンならいざしらず、全長一八〇キロの山岳路をひと息に走り通せば、当分は山道を走りたくなくなるだろう。

麦草峠　諏訪側のバスはＪＲ中央本線茅野駅が発着地で、麦草峠まで約一時間。佐久側のバスはＪＲ長野新幹線・小海線の佐久平駅発で、小海線八千穂駅を経由して麦草峠まで約一時間五〇分。茅野から国道二九九号線を佐久方面へ約三〇キロ。

大分水嶺はかつての国道最高所・麦草峠を横切る

3 日本最長の大分水嶺縦走コース Vol.2

北八ヶ岳から霧ヶ峰をめぐり鉢伏山へ

62 縦走コースの全貌が見わたせる諏訪の名山

麦草峠を横断すれば、大縦走コースはふたたび樹林帯に入り、茶臼山（二三八四メートル）を越えて縞枯れ現象で有名な縞枯山《しまがれ》（二四〇三メートル）の登りにかかる。

縞枯れとは、シラビソなどの針葉樹が帯状に枯れ、その帯がいく筋もの縞となって斜面をゆっくり山頂部へと進んでいく現象である。縞枯山がよく知られているが、志賀高原や南アルプスなどでも観察されている。おもに南西斜面に多く見られるため、夏の強風が原因とされてきたが、そのメカニズムはすべてが解き明かされているわけではない。

縞枯山からは、三六〇度の展望がすばらしい北八ヶ岳の盟主・横岳（通称北横岳、二四八〇メートル）の山頂を通る。そして、七ツ池、亀甲池、双子池などの池めぐりを楽しんだあと、蓼科山登山の拠点である大河原峠（二〇九三メートル）に到着する。

大河原峠は佐久と諏訪を結ぶ峠であり、現在では白樺高原、佐久、望月の三方向から林道が通じている。どこから上がっても佐久平の大パノラマと蓼科山の優美な山容が楽しめ、麦草峠よりさらに山岳道路らしい味わいがある。

大河原峠を過ぎれば、女性的なイメージをもった蓼科山（二五三〇メートル、日本百名山）の登りとなる。登るにしたがい草原から樹林帯、さらに岩塊へと変化し、一等三角点のある頂上に到着する。

蓼科山は独立峰的な性格をもった円錐形の火山であり、その山容から「諏訪富士」とも呼ばれている。山の中心を北東から南西に大分水界が縦断し、登山道がちょうどその上につけられている。

山頂からは、南には赤岳から北横岳の峰々が一列に見わたせ、大地からむっくりと立ち上がった八ヶ岳の分水嶺らしい風貌が実感できる。かたや西には、霧ヶ峰のおだやかな高原山地が見通せる。大分水嶺縦断コースの全域を見わたすには格好のスポットとなっている。

大河原峠　上諏訪から県道四〇号線・ビーナスライン・夢ノ平林道を佐久方面へ約四五キロ。
蓼科山　大河原峠から徒歩約一時間三〇分。蓼科牧場や親湯方面からの登山道もある。

63　大分水嶺が奏でる美しい調べの正体とは？

蓼科山からほぼ大分水界に沿って蓼科温泉側に下山し、スズラン峠（一七三〇メートル）でビーナスラインを横切れば、中信高原の一大レジャーゾーンへと突入していく。

ここからが縦断コースの第三章〝高原の旅〟のはじまりだ。

笹原の広がる八子ヶ峰（一八六九メートル）のハイキングコースを歩き、しらかば2in1スキー場、白樺湖ロイヤルヒルスキー場を越えて白樺湖畔の大歓楽街に出る。

その先の大門《だいもん》峠（一四四三メートル、日本百名峠）は、武田信玄が信濃に攻め入るのに利用した軍事道路だったらしいが、いまはその面影はまったくない。峠では茅野と上田を結ぶ国道一五二号線（大門街道）と大分水嶺上と並走するビーナスラインを越え、スキーとハンググライダーのメッカである車山高原へと向かっていく。

車山（一九二五メートル、日本百名山）は霧ヶ峰の最高峰ながら、山頂部にはリフト、売店、展望台などの観光施設が立ち並び、もはや登山の対象ではなくなってしまった。とはいえ、富士山、八ヶ岳、北・中央・南アルプスなどの展望は昔と変わらない。なるべく遠くを見つめて感慨にひたるのがよいのかもしれない。

大分水嶺は蓼科山から八子ヶ峰をへて白樺湖へ下り、霧ヶ峰へ延びる。中景に車山から鷲ヶ峰。遠景は御嶽山と乗鞍岳

蓼科山から槍・穂高連峰のパノラマ。大分水嶺は手前の三峰山から鉢伏山を通る

車山の裾野の草原台地を散策しながらエコーバレースキー場の上部をかすめ、八島ヶ原湿原をめざしていく。このあたりはおだやかな草原のなかを大分水界が通過しており、日本を二つに分断している脊梁を歩いているという実感はまるでない。同じ高原でも、八ヶ岳山麓のようななだらかに傾斜している火山の裾野とはちがい、空へと続くのびやかな台地の広がりが、いかにも霧ヶ峰らしいところだ。

そんななかにある八島ヶ原湿原は、四三ヘクタールの広さをもつ霧ヶ峰で最も大きな湿原である。一万二〇〇〇年もの時間をかけてつくられた泥炭層は、尾瀬以上ともいわれている。湿原内には八島ヶ池をはじめとする小さな池が点在し、その水は高原を流れ落ちて諏訪湖に注ぎ、やがて流れの激しい天竜川となる。

八島ヶ池では、環境省の「残したい日本の音風景100選」のひとつに選ばれた大自然のコンチェルトに、耳を傾けてみよう。五月から六月にかけて、シュレーゲルアオガエルやヤマアカガエルの鳴き声が聞けるのだ。湿原を一周する遊歩道を歩きながら、大分水嶺が奏でる美しい調べを耳にすれば、山歩きに疲れた体が心地よく癒されるはずである。

日本の音風景100選　古くから地域のシンボルとして親しまれ、将来に残しておきたいと願っている音環境を保全する目的で一九九六（平成八）年に環境庁が指定した。

車山　JR中央本線茅野駅または上諏訪駅から車山高原までバスで約一時間。山頂まで徒歩約一時間（リフトあり）。
八島ヶ原湿原　JR中央本線上諏訪駅または下諏訪駅からバスで約一時間。

64 さびれてしまったトップ・オブ・ザ・五街道

八島ヶ原湿原からはビーナスラインに沿って北へ進み、中信高原への入り口である和田峠（新和田峠、一五二〇メートル）へとぬける。ここは美ヶ原へ向かうビーナスラインと、佐久と下諏訪を結ぶ国道一四二号線の交差点となっており、中信高原を観光する車のインターチェンジのような役割を果たしている。

和田峠の歴史は古く、旧石器時代には石器に使う黒曜石を求めて古代人が峠を越え、日本のあちらこちらに矢尻の原材料として運び出している。江戸時代になると中山道が和田峠を通り、参勤交代の大名行列から京をめざす庶民まで、多くの人が峠を行き来した。

難所として恐れられた和田峠は、五街道のなかで最も高いところにあり、いうならば〝トップ・オブ・ザ・五街道〟だ。しかも和田宿から下諏訪宿までの五里八町（約二一キロ）には集落がなく、厳冬期にはまさに命がけの峠越えとなった。そのため途中にいくつかの茶屋ができ、「接待」や「東餅屋」というわかりやすい地名がいまでも残っている。

当時の気分にひたりたい人のために、黒曜石の産地であった男女倉口《おめぐらぐち》から江戸時代の和田峠（古峠、一五三一メートル、日本百名峠）までが歴史の道として復元されている。片道二時間ほどの中山道漫歩コースだ。

新和田トンネルができたおかげで、旧国道ですらめっきり車が減ったいま、中山道を歩こうという奇特な人はほとんどいない。しかしながら、ススキの穂がゆれる峠の頂上からは、昔と変わらず八ヶ岳や北アルプスの眺めが広がり、遠く御嶽の雄姿も一望できる。日本百名峠にふさわしい、心にしみる眺望である。

和田峠（古峠）　下諏訪から男女倉口まで国道一四二号線・新和田トンネルを佐久方面へ約二〇キロ。古峠まで徒歩約二時間。

65　三六〇度のパノラマが広がるアルプス展望台

和田峠を過ぎれば、大分水嶺縦断コースは最終章〝展望の旅〟へと入っていく。

和田峠をあとにしばらくビーナスラインと並んで進み、まずは三峰山（一八八七メートル）をめざす。三峰山からの展望も三六〇度さえぎるものがなく、真近には詩人・尾崎喜八が「世界の天井が抜けた」と表現した美ヶ原の広大な台地が広がっている。

三峰山からは、深いクマザサのなかを二ツ山（一八二六メートル）へと歩みを進める。このあたりは人の気配があまり感じられず、おまけに距離が長いうえにエスケープルートがなく、縦断コースのなかではちょっと心細い区間でもある。そこをグッとこらえて、次々に現われるピークを越えていけば、人の匂いのする鉢伏山まではあとわずかだ。

鉢伏山（一九二九メートル）といえば、なんといっても穂高から後立山まで連なる北アルプスの大展望に心をうばわれるにちがいない。若葉が芽吹くころなら、雪解けして黒くなった西山（常念山脈）の背後に、いまだ白く光り天を突く穂高連峰がことのほか美しい。地元の人が、この山々を畏敬の念をもって「穂高」と名づけた理由が実感できる絶景である。

鉢伏山からは、レンゲツツジやニッコウキスゲが美しい高ボッチ山（一六六五メートル）をめざして林道を下っていく。高ボッチ山はなだらかな起伏をもつひろびろとした高原であり、毎年夏に開かれる草競馬大会で知られている。山頂からの展望は大縦走コースの最終章であり、訪ね歩いた峰々を心ゆくまでまぶたに焼きつけるとよいだろう。

高ボッチ山を最後に、八ヶ岳から中信高原へと渡り歩いてきた大分水界縦走コースはぐんぐん高度を落とし、喧騒の塩尻峠へと下りていくのである。

鉢伏山　下諏訪から鉢伏山駐車場まで国道二〇号線・高ボッチスカイラインを鉢伏山方面へ約二〇キロ。山頂まで徒歩約二〇分。塩尻峠から登る場合は徒歩約五時間。

4 中央アルプス登山を断念する大分水界

塩尻峠から権兵衛峠をへて木曽駒ヶ岳へ

66 野鳥のさえずりが響きわたる中山道の要衝

中信高原と南アルプスの連結点である塩尻峠（一〇五五メートル）は、昔から松本盆地と諏訪盆地をつなぐ交通の要衝として、人々の往来を見つめてきた。

松本盆地から流れ出す水は、犀川、千曲川、信濃川と名前を変えるたびに水かさを増し、最後は日本海へと注いでいる。かたや、二〇本もの川が流れこむ諏訪湖からは、たった一本だけ天竜川が流れ落ち、急流を下って太平洋に注いでいる。その境界線が塩尻峠である。

現在では、松本と甲府を結ぶＪＲ中央本線、長野自動車道、国道二〇号線の三本の交通幹線が狭い塩尻峠に集まり、中山道のなかでは碓氷峠と並ぶ過密地点となっている。そのため峠にはトンネルや高速カーブをつくらざるをえず、いまや旧塩尻峠まで足を運ばないと大分水嶺の風情が味わえなくなってしまった。

旧塩尻峠の一帯は「塩嶺御野立公園《えんれいおのだて》」として整備され、キャンプ場やグラウンドもあって、ちょっとした観光スポットになっている。眼下には岡谷の街並みと諏訪湖、その向こうに八ヶ岳分水嶺、遠くは富士山まで眺望できる。ここは江戸時代の文人画家・谷文晁《ぶんちょう》が『日本名山図会』の「八ヶ岳」の絵を描いた場所といわれている。彼の絵は相当デフォルメされてはいるが、間違いなくこの場所からのアングルである。

旧塩尻峠の楽しみは眺望だけではない。八島ヶ池と同じように「日本の音風景100選」に選ばれた野鳥のコーラスを忘れてほしくない。

塩嶺御野立公園の周辺にはカッコウ、アカハラ、キビタキをはじめ五〇種類以上の野鳥が生息し、にぎやかな鳴き声が我々を楽しませてくれる。聞きごろとなる五～六月の日曜日の早朝には、美しい歌声を聞くための「小鳥バス」まで運行され、全国から愛鳥家たちが集まってくる。たとえ愛鳥家でなくても、大分水嶺に響きわたる清らかな小鳥のさえずりに、きっと心が洗われる思いがすることだろう。

旧塩尻峠　下諏訪から国道二〇号線を塩尻方面へ約一〇キロ。または下諏訪から旧中山道を徒歩約二時間。

67　大分水界屈指のまわり道ゾーンに入る

塩嶺尾根を南へ進む大分水界は、ＪＲ中央本線の塩嶺トンネルが真下を通る塩嶺高原別荘地の北側を通って、分水嶺の碑がある善知鳥峠（八八九メートル）にいたる。

この峠の読み方を一発で言い当てた人は、相当な難読地名マニアとお見受けする。正解は「うとう」と読む。善知鳥はチドリ目ウミスズメ科の海鳥で、灰黒色の背と白い腹をもつ鳩くらいの大きさの鳥らしいが、どんな鳥なのかこの名前からはさっぱり想像がつかない。

大分水嶺の峠には、石榑峠（三重県）、犬挟峠（岡山県）、貴飯峠（山口県）、岳滅鬼峠（福岡県）など読みにくい地名が結構ある。そのなかでも善知鳥峠は、文句なしにナンバーワンに輝く、超ウルトラ難読地名であろう（ほかの峠の読み方は本書のどこかにあるので、探してみてほしい）。

善知鳥峠では、塩尻と辰野を結ぶＪＲ中央本線と国道一五三号線（三州街道）が交差している。ここのＪＲ中央本線は、いわゆる「大八まわり」とよばれる辰野経由の旧線のほうだ。そこでひとつ、ＪＲ中央本線の新線と旧線を使って、ちょっと変わった体験をしてみよう。

まず岡谷からみどり湖（新線）経由で大分水嶺を越えて塩尻に行く。帰りに辰野（旧線）経由で、もう一度大分水嶺を越えて岡谷に戻る。こうすると、列車の時刻さえうまく見計らえば、一時間以内に大分水界越えが二回味わえる。

これを聞いて「なるほど」と思った人、やってみて何か得した気分になる人は、分水嶺ハンターになる素質が十分にある。そういわれてもちっともうれしくないかもしれないが……。

善知鳥峠からは、木曽漆器で有名な旧楢川村（現・塩尻市）の村境をたどりながら、山深い木曽路へと入っていく。

さて、ここで地図をよく見てほしい。普通に考えれば大分水界は、善知鳥峠から南へ木曽路方面に入らずに、そのまま西に進んでいったほうが自然なように見える。ところが、信濃川水系の奈良井川が中央アルプスに深く切れこんでいるため、その源流部流域をもつ旧楢川村をほとんどひと回りさせられてしまう。いわばこのあたりは、大分水界六〇〇〇キロのなかでも屈指のまわり道ゾーンになっているのだ。

一　善知鳥峠　塩尻から国道一五三号線を辰野方面へ約五キロ。　一

国道 153 号線が越える善知鳥峠

伊那・木曽の境界を経ヶ岳（右）、権兵衛峠、南沢山と辿って中央アルプス・木曽駒ヶ岳（左）を目指す大分水嶺。手前で折り返し大棚入山（中央）へ北上する

68　木曽の民を救った偉大な権兵衛さん

木曽路に入った大分水界は、伊那路と木曽路を結ぶ国道三六一号線（権兵衛街道）が通る権兵衛峠（一五五二メートル、日本百名峠）をめざしていく。

権兵衛峠は、中央アルプスの大分水嶺を越えるとても険しい峠である。旅人が転んで鍋を欠いたことから、昔は鍋懸《なべかけ》峠と呼ばれてきた。牛も通れないほど狭くて急なため、物資は人が背負子で運ばざるをえなかったそうだ。

耕地が狭い木曽では米が不足しがちで、伊那から大量に米を運ぶにはこの道を改修するしかなかった。そこで木曽の牛方である古畑権兵衛が木曽十一宿に協力を呼びかけ、みずから率先して新道開削にとびこんでいった。当初は開発に消極的だった伊那側の協力も得られ、一六九六（元禄九）年にようやく大分水嶺を越える新道が完成した。

新道ができると、伊那の米が直接大量に木曽に運びこまれるとともに、逆に木曽からは漆器や曲げ物などの工芸品が伊那へと流れていった。いつしか、この道は「米の道」、峠は「権兵衛峠」と呼ばれるようになり、木曽と伊那を結ぶ重要な道として利用されてきたのである。

さらに権兵衛峠には、一八七三（明治六）年に奈良井川水系の白川から天竜川水系の小沢川へ水を流す水路（木曽山用水）がつくられ、木曽の水が伊那側の台地をうるおすようになった。一九六八（昭和四十三）年に新しいトンネル水路に取って代わられたが、いまでも両方の水利権者を集めて水量をはかる「水桝検査」が毎年続けられている。

このように木曽と伊那の接点というべき権兵衛峠だが、今では峠直下に長大なトンネルが掘られ、峠に通じる〝酷道〟は通行止めとなってしまった。「信濃路自然歩道権兵衛峠ルート」として整備されてはいるものの通る人は少なく、力自慢だった権兵衛さんが鍬を打ちこんだとされる鍬入岩が彼の勇気と闘志の跡として残されている。

冷たい清水が湧き出ている峠の頂上付近は、まさに南アルプスの一大展望台だ。甲斐駒ヶ岳と仙丈ヶ岳、北岳から農鳥岳の白峰三山、塩見岳と悪沢・荒川岳、さらに遠く赤石岳まで、屛風のように並ぶ南アルプスが一望のもとに見わたせる。山好きにはこたえられない名峠のひとつである。

―権兵衛トンネル　奈良井から村道川東線・国道三六一号線を伊那方面へ約二〇キロ。―

69 百名山と分水嶺に関する奥の深い問題

権兵衛峠を越えると大分水界はさらに高度を上げ、伊那から中央アルプスの主峰木曽駒ヶ岳（二九五六メートル、日本百名山）へのびる西駒登山道と合流する。

新田次郎の小説『聖職の碑《いしぶみ》』の舞台にもなった西駒登山道を、七合目付近にある胸突八丁ノ頭のあたりまで順調に登っていく大分水界。ところが、山頂を目前にしてなぜか登頂を断念し、いままでとはまったく反対の北に向かって中央アルプスを下っていく。最高到達点のあたりの砂礫の広い尾根は、その名も「分水嶺」と呼ばれ、標識が立てられている。

地形図をよく見ると、たしかに日本海に注ぐ奈良井川は木曽駒ヶ岳に鋭く切れこんでいるものの、山頂にはとどいていない。山頂付近に降った雨は、東側はすべて天竜川から遠州灘へと、西側は木曽川から伊勢湾へと注ぎ、太平洋でふたたび顔を合わせるようになっている。

というわけで、厳密にいえば木曽駒ヶ岳は大分水嶺とは呼べないことになる。けれども、なにもピークだけが山ではない。山頂は単なる点にすぎず、山腹から頂上までの総体をもって山が構成されている。しかも分水嶺という言葉は、分水界が尾根にあるときも使うので、それであれば木曽駒ヶ岳も立派な大分水嶺になる。

このようにある山が分水嶺であるかどうかは、判定が微妙なケースが少なくない。たとえば深田久弥選定の日本百名山のなかに、大分水嶺と呼べる山がいくつあるだろうか。

答は〝おおよそ〟三〇座である。大分水界が日本列島の脊梁を走っているわりには意外に少ないように思われるかもしれない。百名山の密集地帯である南北アルプスの二五座のうち、乗鞍岳をのぞいてすべて落選しているので、こうなってしまう。

ここで〝おおよそ〟と歯切れの悪い表現をしたのは、木曽駒ヶ岳のように判定が難しい山がいくつかあるからだ。

主峰を大分水界が通過している山に限るなら二四座になる。羅臼岳、斜里岳、トムラウシ、十勝岳、八幡平、蔵王山、安達太良山、那須岳、平ヶ岳、巻機山、至仏山、谷川岳、四阿山、浅間山、乗鞍岳、霧ヶ峰、蓼科山、八ヶ岳、甲武信ヶ岳、金峰山、伊吹山、石鎚山、九重山、霧島山である。ただし、那須岳の主峰は三本槍岳、九重山は久住山としている。また分水嶺の意味合いから考えて、正確に最高点を通っているかどうかにはこだわらないことにする。

さて、ここからが話はややこしい。選にもれたなかで、大雪山、八甲田山、吾妻山、草津白根山、阿蘇山の五座は、もともと広い範囲の山域を指しており、それであればいずれも立派な大分水嶺となる。どれを入れてどれをはずすかは、判断の分かれるところだ。

さらに山腹や尾根までも大分水嶺にふくめるというのなら、瑞牆山、木曽駒ヶ岳、大山、祖母山なんかが浮かびあがってくる。そうすると「じゃあ、俺はどうなるんだ」と、幌尻岳と阿寒岳が声を荒げるかもしれない。ほんのわずかに大分水界からはずれているだけだが、これを救ううまい言い訳が思い当たらない。

このように、日本百名山に大分水嶺がいくつあるかというのは、それぞれの山への思い入れもあり、かなり奥の深い問題なのである。

木曽駒ヶ岳　中央アルプスの最高峰。JR飯田線駒ヶ根駅から千畳敷までバスとロープウェイで約一時間。山頂まで徒歩約二時間。胸付八丁ノ頭へは山頂から西駒登山道を約二時間下る。

木曽駒ヶ岳付近の分水嶺　松本盆地で犀川に合流し、日本海に注ぐ奈良井川は、中央アルプスのふところ深く、木曽駒ヶ岳の北面に切れ込んでいる。その谷をふちどる分水嶺は、駒ヶ岳頂上から北東へ約三メートル、西駒登山道の胸突八丁ノ頭付近を南限とし、駒ヶ岳の頂を通ることなくUの字を描いて北に向かっている。

5 星空を突き上げる日本でいちばん高い大分水嶺

鳥居峠から乗鞍岳をへて宮峠へ

70 峡谷をはさんで二本の大分水界が走る

大分水界は、奈良井川《ならいがわ》と並走しながら木曽駒ヶ岳の山腹を一気に駆け降り、御岳や乗鞍岳が眺望できる姥神峠《うばがみとうげ》（一二七七メートル）に到着する。ここも以前は権兵衛峠と同じように国道三六一号線の未開通部分となっていたが、やはりトンネルで簡単に越せるようになった。終点からは自分の足で歩いていくしかない。

姥神峠からは、奈良井川をはさんでわずか三キロの距離に大分水界が並行して走る、とても珍しい区間に入っていく。その先にあるのが、木曽川と奈良井川を分ける鳥居峠（一一九七メートル、日本百名峠）である。

鳥居峠は木曽十一宿のなかで随一の難所であった。峠をはさんで太平洋側にあるのが藪原宿、日本海側にあるのが奈良井宿。中山道のなかで最もにぎわいをみせた奈良井宿は「奈良井千軒」とも呼ばれ、いまでは重要伝統的建造物群保存地区に指定されている。両宿を結ぶ自然歩道の一部には、杉木立のなかに石畳の道が復元され、当時の峠越えの情緒が味わえるようになっている。

鳥居峠へはどちらから登っても大変さは変わらないが、藪原から奈良井にぬけるコースをおすすめしたい。宿場街の雰囲気をたっぷりと残す奈良井宿に到着する感慨が味わえるからだ。足に自信のない人は、鳥居トンネルの藪原側入り口から分岐する未舗装の林道を使う手もある。

栃《とち》の大木が生い茂る峠の頂上付近には御嶽神社やお助け小屋などがある。電波施設のある峠山（一四一六メートル）の山頂まで足をのばせば、奈良井川をはさんで目の前に見える山並みも、これまた大分水嶺である。何か不思議な気がしないでもない。

現在では、名古屋と松本をつなぐ大動脈のJR中央本線と国道一九号線は、ともに鳥居トンネルで難なく峠を越えてしまう。中京・関西方面の登山者はここを通る機会が多いはずだが、狭い谷が延々と続いているため、どこで大分水嶺を越えたのか気がつく人は少ないようだ。

JR中央本線の場合は、名古屋方面からモーターをウンウンいわせながら走ってきた列車が、トンネルを出たとたんに嘘のように静かになるポイントがある。そこが鳥居峠である。国道一九号線の場合は、親切にもトンネルの真ん中に「中央分水界」の表示があるので、注意しながら運転してみるとよいだろう。

――鳥居峠　ＪＲ中央本線藪原駅または奈良井駅から徒歩約一時間三〇分。――

71　大分水嶺越えが生んだ少女たちの悲劇

鳥居峠を越えた大分水界は、ふたたび高度を上げながら北に進み、南北に細長い旧楢川村の村境一周を終える。

さらに鉢盛山（二四四六メートル）をはじめとする木曽川源流の山々をつたいながら、木曽路の抜け道として使われてきた境峠（一四八七メートル）や月夜沢峠《つきよざわ》（一六九五メートル）を通り、野麦峠をめざしてふたたび北上をはじめる。このあたりは道路と大分水界が複雑にからみあっており、車を使えば効率的に分水嶺越えが楽しめる。

「歴史の道百選」にも選ばれた野麦峠（一六七三メートル、日本百名峠）は、その名前を知らない人がいないくらい有名な峠だ。その名を一躍全国区に押し上げたのは、いうまでもなく山本茂実の名作ノンフィクション『あゝ野麦峠』（角川文庫）である。

なかでも冒頭で紹介される政井みねの物語が、読む人の心を打つ。故郷をあとにして岡谷の製糸工場に働きに出たものの、重い病気を患ってしまい、兄が奥飛驒に連れて帰ることになる。ところが、兄に背負われて帰郷する途中、「アー飛驒が見える」の言葉を最後に野麦峠で若き命を散らしてしまう。いつまでも語り継がれていく、日本の近代史を陰でささえた一人の女工の悲しい物語である。

彼女のほかにも雪の野麦峠で命を落とした旅人は少なくなかったそうだ。野麦峠をはさんだ川浦と野麦の集落の間には、女工たちが歩いた旧野麦街道が自然歩道として整備され、当時の苦労の跡をたどることができる。クマザサが生い茂る峠の展望台には政井みねの碑が立てられ、そこから見上げる雄大な乗鞍岳さえ何かもの悲しく見えてしまう。

この物語を分水嶺的に解釈してみると、おこるべくしておこった悲劇であることがわかる。

諏訪湖畔が製糸業の地に選ばれたのは、工業立地面からみれば妥当なところであろう。その労働力を貧しかった飛驒地方に求めたのも、企業の行動としてはうなずける。問題は二つの地点を結ぶ道路と大分水嶺の位置関係が悲劇的だったところだ。

ＪＲ高山本線すら開通していない明治から大正にかけて、諏訪方面から高山にぬけるには、じつに三回も大分水嶺を越えなければならなかった。最初は松本盆地に出るための塩尻峠。次に多くの旅人たちの命を奪った野麦峠。最後にわが家のある飛驒を目前にした美女峠である。

しかも正月をはさんだ真冬のわずかな期間しか帰郷が許されず、そこをはずすと次の年まで親にも会えない。これでは、遭難者が生まれないはずがない。

野麦峠越えしかルートがなかったとはいえ、さしたる装備も持たない少女たちの集団が、凍てつく道を毎冬歩き続けたことはまさに驚嘆に値する。北アルプスをぶちぬく安房トンネルが開通したおかげで、冬季でもわずか三時間あまりで帰郷できることを彼女らが知れば、喜びのあまり卒倒してしまうかもしれない。

野麦峠　松本から国道一五八号線・県道二六号線・県道三九号線を高山方面へ約五〇キロ。旧街道を歩く場合は、野麦峠下（信州側）のわさび平駐車場から徒歩約一時間。

野麦峠のお助け小屋　現在のお助け小屋は、一九七〇（昭和四十五）年に野麦集落から民家を移築して復元されたもので、食事や宿泊ができるようになっている。近くには野麦峠の歴史を紹介する歴史民族資料館の「野麦峠の館」がある。

72　大分水界の頂点にそびえる三〇〇〇メートル峰

野麦峠から大分水界は、乗鞍岳から南東にのびる県境尾根に沿って、山頂・剣ヶ峰をめざすようになる。

県境尾根には〝いちおう〟登山道があり、乗鞍岳まで四～五時間ほどの行程で大分水嶺上を歩いていける。しかしながら、一四〇〇メートルもの標高差があるうえに、かなりのヤブこぎを強いられる未整備のコースだけに、熟練者以外は入らないほうが無難であろう。

乗鞍岳（三〇二六メートル、日本百名山）は、伊勢湾に注ぐ飛騨川（木曽川水系）、新潟沖に注ぐ梓川（信濃川水系）、富山湾に注ぐ宮川（神通川水系）の分水嶺となっている。ここは、総延長六〇〇〇キロにおよぶ大分水界の最高地点であり、大分水嶺のなかで三〇〇〇メートルを超える峰は乗鞍岳しかない。

ときどき勘違いをしている人がいるようだが、北アルプスの居並ぶ高峰から流れる水はすべて日本海へと注いでいる。

たしかに山中では、黒部川や高瀬川は北に流れ、梓川や蒲田川は南に流れており、槍ヶ岳のあたりが大分水嶺であるような錯覚におちいる。しかしながら、梓川も蒲田

山頂近くまで車道が通じる3000メートル峰の乗鞍岳

川も人里に出るころから少しずつ方向を変え、最後は日本海をめざすようになる。
南アルプスにしても、すべてが天竜川、大井川、富士川という太平洋に注ぐ川の流域である。つまり、北アルプスの水はすべて北へ、南アルプスの水はすべて南に流れている。ついでにいえば、その間にある中央アルプスの水は北と南に分かれている。
つまり三つのアルプスの呼び名は、その山に源流をもつ川がどちらに流れていくかという観点からみても、きわめて正しいのである。
ちなみに、乗鞍岳に次ぐ大分水嶺の標高第二位は、八ヶ岳の盟主・赤岳（二八九九メートル）だ。どちらも雄大な裾野をもつ火山性の山だが、乗鞍岳が国立公園（中部山岳国立公園）で、八ヶ岳が国定公園（八ヶ岳中信高原国定公園）であり、自然景観的にも乗鞍岳のほうが格が上のようだ。

乗鞍岳は地理的にも日本のほぼ中央に位置し、まさに〝大分水嶺の頂点〟と呼ぶにふさわしい名峰である。

日本一高い地点（畳平、二七〇〇メートル）を走る乗鞍スカイライン（マイカー規制中）のおかげで、いまではだれでも気軽にこの高峰を散策できるようになった。できれば大分水嶺の頂点にまで足をのばし、森と水が織りなす果てしない造形の連続を眺め、豊かで懐が深い日本の自然を感じとってほしい。

乗鞍岳　国内で最も手軽に登れる三〇〇〇メートル峰として人気が高い。JR高山本線高山駅から畳平までバスで約一時間四五分。山頂まで徒歩約一時間三〇分。

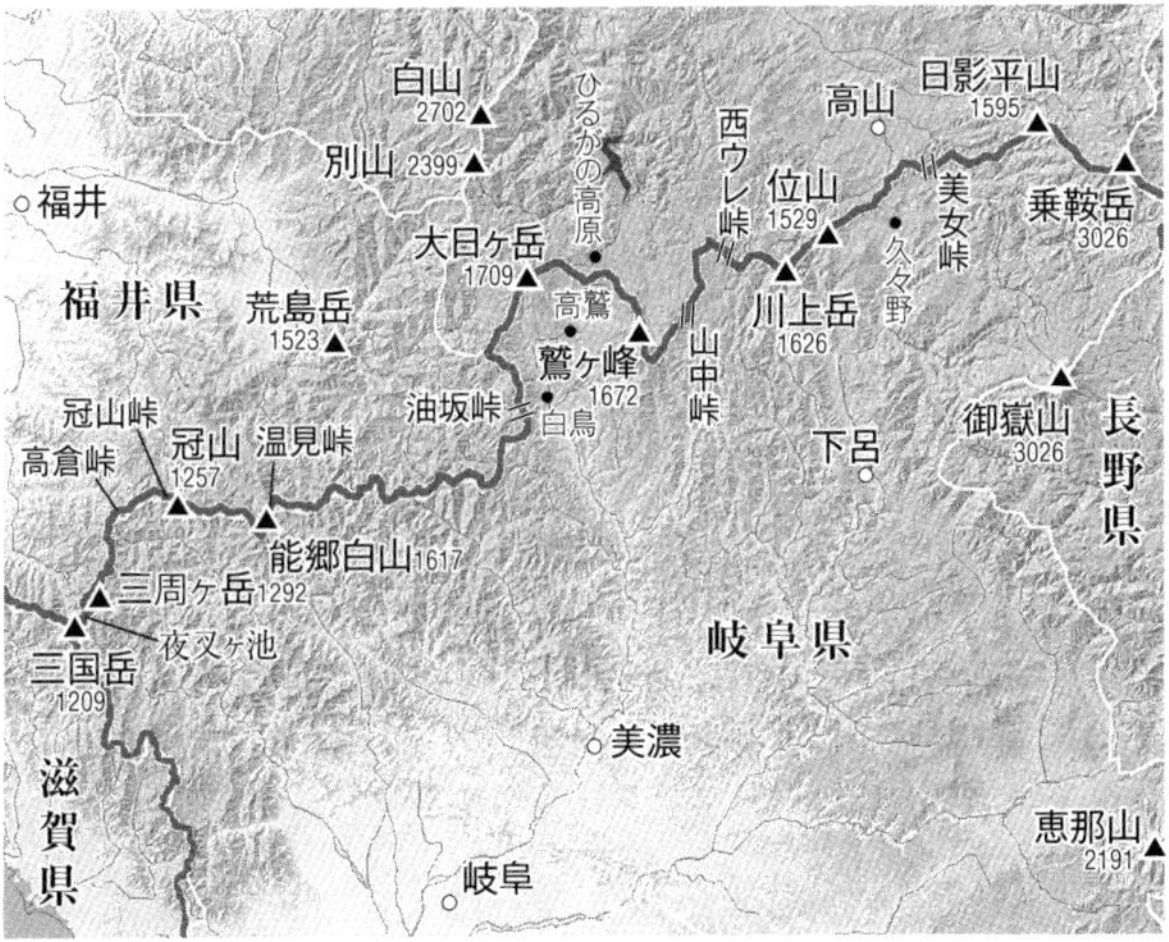

白山
2702
別山
2399
ひるがの高原
高山
日影平山
1595
西ウレ峠
位山
1529
美女峠
乗鞍岳
3026
福井
大日ヶ岳
1709
久々野
福井県
荒島岳
1523
高鷲
鷲ヶ峰
1672
川上岳
1626
山中峠
油坂峠
白鳥
冠山峠
冠山
1257
温見峠
高倉峠
御嶽山
3026
長野県
下呂
能郷白山1617
三周ヶ岳1292
夜叉ヶ池
三国岳
1209
岐阜県
美濃
滋賀県
恵那山
2191
岐阜

73　分水嶺サミットが開かれた縄文遺跡の町

頂点を過ぎた大分水界は、上越国境から延々と続いてきた信濃川水系にようやく別れを告げ、高山方面をめざしてぐんぐん高度を落としていく。

日影平山（一五九五メートル）の付近では、「日本一星の観察に適した場所」に選ばれた国立乗鞍青年の家と飛驒高山スキー場をかすめ、帰郷する女工たちを最後に悩ませた美女峠（七八〇メートル）を越える。そして、飛驒と美濃を結ぶＪＲ高山本線と国道四一号線（益田街道）と宮峠（七七七メートル）で交差する。宮峠には、おそらく全国でただひとつの「分水嶺農林産物直売所」があるので、ドライブの際に立ち寄るとよいだろう（といっても、別に変わったものを売っているわけではないが……）。

ここで少し、宮峠の南側に位置する岐阜県旧久々野《くぐの》町（現・高山市）で一九九九（平成十一）年夏に開かれた「全国分水嶺（界）サミット」の話をしておこう。

このサミットは、「分水嶺という共通の資源を有する農山村が、これから豊かなまちづくりに向かって、さまざまな課題を提起しながら、交流や活動、発信を共に行なっていこう」（『全国分水嶺（界）サミット一〇周年記念誌』より）という活動である。

一九八八（昭和六十三）年に兵庫県氷上町（現・丹波市）の呼びかけに応じて開かれた「水分れのまちサミット」がはじまりで、一三回続けられてきた。活動母体である「全国分水嶺市町村協議会」（二〇〇〇年に解散）には、当時五〇〇あった中央分水嶺所在市町村のうち四〇の市町村が名を連ね、そのなかから毎年サミットの開催地が選ばれていた。

このときのサミットは「水と緑と私たち　～縄文人のメッセージ～」をテーマに、久々野町公民館で二日間にわたって開かれた。初日は市町村長さんたちが来賓のお役人をまじえて真面目に討議する日であり、夜には久々野町にある縄文遺跡を会場に歓迎レセプションが盛大に行なわれている。

二日目から「分水嶺フォーラム」と銘打っただれもが参加できる無料イベントがはじまった。環境漫才や各地の水に関する取り組みの報告など、水と緑にかかわるさまざまな話題が披露されていく。お昼にはありがたいことに参加者全員にお弁当まで用意されている。意外に盛況だったのは、これがお目当ての人が多かったせいかもしれない。

サミットのハイライトは、縄文文化に詳しい国立民族学博物館の小山教授と、地元岐阜県の山村に居を移された俳優の菅原文太氏の「飛騨の魅力、縄文人のくらしの知恵」についてのフォーラムディスカッションだ。早口の関西弁でエネルギッシュにまくしたてる教授と、しみじみとした語り口の文太さんの取り合わせの妙が、会場をわかせていた。

便利な都会に住んでいる人間は、ややもすると山間部に暮らす人々が果たしてくれている役割や苦労を知ることなくすごしてしまうものだ。このイベントは、上流に暮らす民と下流に暮らす民が自然とのかかわり方をともに考えていく機会として、都会の人も一度のぞいてみる価値は十分にあった。なくなってしまったのは、大変惜しい気がする。

―久々野　高山から国道四一号線を下呂方面へ約一五キロ。またはJR高山本線久々野駅下車。―

6 位山から鷲ヶ岳をへて、ひるがの高原へ
水芭蕉が咲きほこる分水嶺観光のメッカ

74 ペットボトルで運ばれる霊峰からの清水

宮峠を越えた大分水界は、霊峰・位山《くらい》（一五二九メートル）をめざして登りに入る。その途中にある苅安峠（九〇〇メートル）には分水嶺公園があり、人工的につくられた水中分水界、つまり一つの流れが太平洋と日本海に分かれていく様子が見られる。

公園の目の前にはモンデウス飛騨位山スノーパークがひらけており、このスキー場のど真ん中を大分水界が通過している。

ということは、大分水界とおぼしきライン（パノラマバーンのあたりか？）に沿ってウェーデルンで降りていけば、太平洋側と日本海側に交互に雪をけちらしながら滑ることになる。こんなスケールのでかいダウンヒルが味わえるのは、おそらく全国で

もここだけだ。おまけに山麓には、「山荘分水嶺」と名づけられたロッジまである。

位山山頂へは、クワッドリフトの終点から大分水界に沿ってつけられた登山道をたどれば、子どもでも簡単に上がれる。地元で聞いた話によると、このあたりでは子どもに分水嶺の何たるかを教えるのに「ここでオシッコをすると太平洋と日本海に流れていくんだよ」と説明しているそうだ。なんとまあ、体感的でスケールのでかい自然教育である。

ところで位山に降った雨だが、じつは太平洋と日本海に分かれるだけではなく、いまでは新しいルートができている。地元の萩原町（現・下呂市）では位山の地下六〇メートルからくみ上げた水を「時空を超えた原始の恵み〝霊峰位山の水〟」と称して販売しているからだ。つまりここの水には、ペットボトルで運ばれていく第三のルートがあるというわけである。

分水嶺から湧き出す水のなかには名水としてもてはやされているものが少なくない。そのため、ミネラルウォーター、ジュース、地ビール、日本酒、焼酎など姿形を変えて、都会へと流れていっている。大きな酒屋の店先を丹念に調べていけば、意外に簡単に分水嶺の清水でつくった商品が見つけられるかもしれない。

なかにはそのものズバリ「分水嶺」という名をもつ鹿児島の焼酎（製造＝東酒造、

モンデウス飛騨位山スノーパークに立つ分水嶺の標識

ミズバショウ咲くひるがの分水嶺公園にある水中分水点

販売＝森山商店）がある。また長野県には「峠」と名づけられた焼酎（製造・販売＝橘倉商店）もある。いずれもインターネット販売をしているので、どうしても飲みたいという人は販売元のサイトにアクセスしてみてほしい。このようなアルコール界における分水嶺ハンティングというのも、それはそれで楽しいものである。

寄り道はこのくらいにして、分水嶺に話を戻そう。大分水界は高山市内を流れる宮川の源流部となっている川上岳《かおれ》（一六二六メートル）を通って、西ウレ峠（一一二七メートル）で県道七三号線高山八幡線を越える。このあたりは、いわゆる位山分水嶺と呼ばれているエリアだ。

郡上八幡と高山をつなぐ県道七三号線には、道沿いに谷川が流れている。そこから心地よいせせらぎが聞こえることから「飛騨せせらぎ街道」とオシャレな愛称がつけられている。全線をとおして紅葉の美しさに定評があり、特に西ウレ峠付近の紅葉はみごとというしかない。峠には分水嶺の碑が立てられ、ドライブにサイクリングにもってこいの、おすすめ分水嶺越えルートである。

西ウレ峠から先は、水芭蕉群生地の南限である山中峠（一三七五メートル）を通って、西日本最大級のスケールをほこる、めいほうスキー場の最上部をつたっていく。そうして大分水界は、鷲ヶ岳の稜線をたどりながらゆっくりとUターンをして、鷲ヶ岳の山頂にたどりつく。
鷲ヶ岳（一六七二メートル）は、村人たちを悩ませていた大鷲を退治した物語にちなんで名づけられた、由緒正しい山だ。ところが、中京方面からのアクセスのしやすさと、火山特有ののびやかな裾野が災いして、七つのスキー場と二つのゴルフ場をかかえる、満身創痍の大分水嶺となってしまった。
山頂からは白山連峰や乗鞍岳をはじめ北・中央アルプスまでの第一級の展望が広がる。それが観光開発のおかげで労せずに味わえるようになったのは、皮肉なものである。

モンデウス飛騨位山スノーパーク　高山から国道四一号線・県道九八号線を萩原方面へ約一五キロ。
西ウレ峠　高山から国道一五八号線・県道七三号線（飛騨せせらぎ街道）を郡上八幡方面へ約三〇キロ。
山中峠　郡上八幡から国道四七二号線を荘川方面へ約三〇キロ。

75　一本のせせらぎが日本海と太平洋に注ぐ

鷲ヶ岳をあとにして岐阜県旧高鷲《たかす》村（現・郡上市）に入った大分水界は、この村のもうひとつの高峰である大日ヶ岳をめざすようになる。その中間点にあるほとんど平らな分水界が「ひるがの高原」である。

ひるがの高原はスキー場を中心にロッジや別荘が立ち並ぶ大レジャーゾーンとなっている。そのなかで大分水嶺も観光資源として人集めに一役買っている。

付近に降った豪雪は湿原をうるおし、北は庄川となり富山湾へ、南は長良川となり伊勢湾に注いでいる。大分水界はスキー場わきの湿原をかすめながら、郡上八幡と白川郷を結ぶ国道一五六号線（飛騨街道）を渡り、ひるがの高原の南の入り口にある分水嶺公園（八六七メートル）に達している。

分水嶺公園では、大日ヶ岳のふもとに端を発する一本のせせらぎが、日本海と太平洋に分かれていくさまが見られる。

自然の川がこのような造形を生みだすケースはほとんどなく、一時的に水が分かれることはあっても、必ずどちらか勢力の強いほうに収斂されてしまう。ここも苅安峠と同じように人手が加えられたものなのだが、木立のなかを流れているせいもあって、まるで自然につくられたようによくできている。分水嶺そのものを売り物にした観光地のなかでは、兵庫県丹波市氷上町と並ぶ二大聖地というべきところであり、分水嶺ハンターにとっては一見の価値がある。

ここでは、できれば一人で静かにせせらぎを眺めてみることをおすすめしたい。せせらぎに木の葉を何枚か浮かべてみれば、ほんのわずかな風のそよぎや流れる位置のちがいで、それぞれまったく異なる世界へと旅立っていくのに気がつく。時には、順調に日本海側に行くコースを流れていたものが、予想に反して太平洋側に流れていったりする。こんなさまをじっと見ていると、だれもが人生や出逢いについて、ひととき静かに思いをめぐらすようになるだろう。

〝分水嶺に立つ〟という表現があるように、人生や歴史には無数のターニングポイントがある。そのほとんどは意識することなく通過してきている。過去へのおおむねの満足と少しの後悔。まだ見ぬ人生の分岐点への大いなる期待とちょっぴりの不安。それらが、我々をしばらく無口にさせるのかもしれない。

ついでにつけ加えれば、公園の奥にはその名も「B&B分水嶺」という民宿があり、もっと山奥に入ると最後の清流と呼ばれる長良川の源流の碑がある。さらに蛇足を続けるなら、お土産には清酒「分水嶺」なんかはどうだろうか。

ひるがの分水嶺公園　郡上八幡から国道一五六号線を高山方面へ約四五キロ。または長良川鉄道・美濃白鳥駅からひるがの高原口までバスで約三〇分。

76 分水嶺にまつわる悲しい恋の伝説

大分水界が通る地域には、歴史にちなんだ物語や水にまつわる伝説などが数多く残されている。また、峠をモチーフにした悲恋物語というのも、わりにあちこちでみられるパターンだ。ところが分水嶺そのものをテーマにしたものとなると、残念ながらほとんど見あたらない。そのなかで、旧高鷲村には全国でも大変珍しい分水嶺にちなんだ『水分伝説（夢伝説）』が残されている。とてもロマンチックな物語なので、少し長くなるが紹介しておこう。

その昔、この村には、新しい土地を求めて、多くの人々がやってきたそうです。そのなかに、「吉次郎」というそれはそれは働き者の若者がいました。

吉次郎は雨の降る日も風の日も休むことなく、草を刈り、木を倒し、みるみるうちに荒れ地を畑に変えていきました。また吉次郎はとても気がやさしく、村人たちの仕事も喜んで手伝ったため、いつのころからか村の人気者になっていました。

村には吉次郎のほかにもう一人の人気者がいました。それは「おきぬ」という、肌が雪のように白い、それはそれは美しい娘でした。

村祭りの日、二人は初めて出会い、そしてすぐに愛しあうようになりました。村人たちは、お似合いの二人だと喜びましたが、おきぬの父親は、吉次郎がほかの土地からやってきた者だということで、二人の仲を決して許そうとはしませんでした。

おきぬは父親がなんと言おうと、吉次郎のことを忘れようとはしませんでした。困りはてた父親は、昔から神がやどる場所とされていた分水嶺に出かけていき、神に願いが届くようにと、二枚の葉におきぬと吉次郎二人の名前を別々に書いて水に流し、二人がなんとか別れてくれるようにと祈りました。

それを知ったおきぬは、吉次郎とともに同じ分水嶺に出かけていき、なんとか結ばれるようにと、一枚の葉に二人の名前を書いて流しました。するとその葉はどんどんと水にのって流れだし、しばらくすると白山の彼方から白馬があらわれました。白馬は二人の前に降り立ち、二人を乗せると、また空高くへと姿を消しました。

その後、二人の姿を見たものはだれ一人としていませんでした。村人たちは、きっとどこかで元気に暮らしているだろうと、二人の幸福を祈りました。

77　水芭蕉は分水嶺のシンボル

ひるがの高原一帯は北方系の高層湿原の南限にあたり、湿原植物園やスキー場のなかはもちろん、国道のわきなどいたるところに湿原が点在している。

新緑のころであれば、あちこちで水芭蕉が可愛い顔をのぞかせ、関西や中京方面の人にとっては、最も手軽に水芭蕉が見られるポイントのひとつになっている。分水嶺公園にも水芭蕉が咲きほこり、そのなかで水が分かれていくさまは、しみじみとした風情がある。

ところで水芭蕉といえば尾瀬があまりにも有名で、水芭蕉は尾瀬でしか見られないと思いこんでいる人もいるようだ。たしかに尾瀬の大群落はすばらしいが、地方によってはわりとどこでも見られる花といってもよい。見つけるコツは簡単で、要するに分水界に行けばよいのだ。

分水界は、いいかえれば川の源流部でもある。源流部によくある〝ふかふかした地面から水が染み出しているところ〟が水芭蕉の好む場所となっている。本書で紹介している大分水界だけではなく、分水界であれば水芭蕉を見つけられる可能性が高い。

たとえば、長野県では鬼無里《きなさ》の水芭蕉が有名だが、そんな山奥に入らなくても、大町市と白馬村を結ぶ国道一四八号線沿いの佐野坂トンネル付近にたくさん咲いている。ここは白馬村を流れる姫川と、青木湖から南へ注ぐ農具川の源流部にあたり、佐野坂が分水嶺となっているのである。

尾瀬があんなに立派な水芭蕉をはぐくんでいるのは、さすが大分水界の面目躍如たるところで、水芭蕉は分水嶺のシンボルといってもよい花なのである。

さらにいえば特に珍しい植物でないだけに、自然破壊の被害にもあいやすい。ひるがの高原の東側にある板橋分水嶺湿原もそのひとつだ。ここでは咲きほこる湿原植物をめぐって水路が走り、そこをヤマメが悠々と泳ぐ、まさに高原の楽園のような場所だった。ところが残念なことに、東海北陸自動車道によって、その中心部が埋め立てられてしまった。

最後の清流といわれた長良川も、源流部のレジャー開発と下流部にある河口堰のはさみうちにあい、さぞかし息苦しい思いをさせられているにちがいない。

ひるがの高原　郡上八幡から国道一五六号線を高山方面へ約五〇キロ。

ミズバショウ　サトイモ科ミズバショウ属の多年草。北海道や、兵庫県以北の本州の湿原や沼地に自生。四月から七月にかけて雪解けとともに二〇センチ程度の花序を出す。花びらのような白い部分は葉が変形したもの(仏炎苞)で、花は真ん中の円柱部分の表面についている。

7

奥美濃分水嶺に生きるロマンあふれる伝説

大日ヶ岳から油坂峠をへて三国ヶ岳へ

78 中部地方で大分水界と県境が一致しない理由

ひるがの高原を横断した大分水界は、白山国立公園の南端に位置する大日ヶ岳（一七〇九メートル）へと登りつめる。大日ヶ岳からは大分水界は南に進路を変え、ウイングヒルズ白鳥リゾートスキー場、スノーウェーブパーク白鳥高原、白鳥高原カントリークラブなどのレジャー施設が乱立する白鳥高原の中心を通過していく。さらにそこから、福井県と岐阜県の県境に沿って、油坂峠へと進んでいくのである。

八ヶ岳の赤岳頂上で長野・山梨県境から離れてからここまで、大分水界はほとんど県境と一致することなく長野・岐阜県を通過してきた。これはかなり異例なことである。どうして両県では大分水界が県境とならなかったのだろうか。

まず長野県だが、よく〝長野〟には四つの小県がある〟といわれているように、もともと寄り合い所帯でできた県である。

その四つとは、長野市を中心とした北信地方、上田市を中心とした東信地方、松本市を中心とした南北に長い中信地方、それと諏訪市や飯田市のある南信地方である。いっとき、北信・東信は長野県、中信・南信は筑摩県と二つに分かれていた時代もある。そのためか両者はいろんな場面で対立し、長野オリンピックのときにも県内不統一が話題になった。

長野県を四つの小県の集まりとみると、県東部においては大分水界は東信と南信の境界とピッタリ一致している。

変則的なのは中信地方で、鳥居峠もそうだが現在の木曽郡のなかを縦断している。おそらくこれは、「木曽十一宿」とひとまとめに呼ばれていたように、両側を山でふさがれた木曽路においては南北に走る街道を通じての交流が盛んだったからであろう。そのために、大分水嶺によって生活文化圏が分断されなかったのではないだろうか。

ところが岐阜県になると、ちょっと事情がちがうようだ。岐阜県も高山を中心とする飛驒国と、岐阜市を中心とする美濃国からなっている。ところが、その国境は大分水界から南に大きくはずれている。国境の南の端は飛驒金山温泉あたりにあり、大分水界である宮峠からは五〇キロ以上も離れている。どうしてこんなことになったのであろうか。

岐阜から高山に向かう国道四一号線は、飛騨川に沿って狭い谷を走る峡谷国道である。特に飛騨金山から下呂温泉まで二〇キロ以上渓谷が続く中山七里では、深い谷のなかを縫うように走っていく。まさに飛騨（山のひだ）の名にふさわしく両側から山がせまり、空が狭くて息苦しく感じるくらいだ。しかも、いまはダムのせいであまり感じないが、昔は飛騨川の流れが相当に急だったらしい。

ところが宮峠での大分水嶺越えは、道路がよくなったせいもあるが、ちょっとアクセルをふかしただけで苦もなく登ってしまう。数回大きなカーブを曲がるともう高山へと続く盆地に出てしまい、何も知らないドライバーなら峠とも気がつかないくらいだ。

もっとも、昔は峠越えにかなり苦労させられたらしいが、もともと飛騨は峠の多い国だ。宮峠くらいの峠なら山ほどある。高山国道工事事務所の調査によると、飛騨四市町村にはなんと一四七もの峠があるらしい。そのうち、標高一〇〇〇メートル以上のものは三七を数える。

ここからは推察だが、昔の旅人にとって峡谷の絶壁につけられた道を通るほうが、数ある峠のひとつにすぎない大分水嶺を越えるよりもはるかに困難な旅だったのではないか。そのために、峡谷が生活圏を分断する結果となり、国境が大分水界からかなりはずれたところにきてしまったのではないだろうか。

――大日ヶ岳　長良川鉄道北濃駅から大日口までバスで約三〇分。山頂まで徒歩約四時間。――

79 大分水嶺を越えたアマゴの物語

油坂峠（七五〇メートル）は越前と美濃を分ける交通の難所である。岐阜県側からだと、白鳥の町から四〇〇メートルもの標高差を一気に登らなくてはならない。福井市に通じる国道一五八号線（美濃街道）ですら、ループ橋を使って高度をかせぎながらようやく峠越えをしている。

地元の悲願であった旧国鉄の越美南線（現在の長良川鉄道）と越美北線（JR越美北線）は、この大分水嶺の険しさゆえにドッキングをはばまれてしまった。そのかわりにいまでは、東海北陸自動車道の白鳥インターから九頭竜方面にぬける油坂トンネルが開通し、ハイウェイで両県がつながっている。

さらに大分水界は、平家岳（一四四二メートル）をはじめとする越美国境の山々をひとつひとつ丹念にたどりながら、西へと向かう。岐阜市と福井県大野市を結ぶ国道一五七号線と温見峠《ぬくみ》（一〇一五メートル）で交わり、越美山地の盟主・能郷白山《のうごうはくさん》（一六一七メートル）の山頂を通過していく。このあたりは大変山深いところであり、越前海岸に流れこむ九頭竜川と伊勢湾に注ぐ揖斐川の源流域になっている。

ここで『渓流物語』（山本素石、朔風社）のなかで紹介された「峠を越えたアマゴ」の話をしておこう。

九頭竜川の源流のひとつ真名川は、本来は日本海側の魚であるヤマメが棲むはずなのに、不思議なことに太平洋側のアマゴとなっている。まさか魚が勝手に分水嶺を越えて反対側に移動するわけはなく、揖斐川源流の根尾川から人の手によって移植されたものなのだ。

もともとこのあたりは、福井側・岐阜側ともに最奥の地であり、国境をはさんだ集落の間では親密な交流が行なわれていたらしい。そんなこともあり、大正末期か昭和初期のころ、岐阜県大河原の青年団が大量のアマゴが入った水桶をかつぎ、温見峠をはさんだ福井県温見へと運んだ。日中の日差しを避けるため、夜間に松明《たいまつ》で足元を照らしながら、約一〇キロの峠越えを果たしたそうである。

そんなにも苦労してアマゴを運んだのは、おそらく山村の貴重な蛋白源として利用するためだったのだろう。大分水嶺を越えてまで魚を移植するところに当時の生活の

ひるがの高原からスキー場が開かれた大日岳へ駆け上がる大分水嶺（空撮）

能郷白山から西へ延びる大分水嶺

厳しさがうかがえる。単にレジャーのためにわざわざ外国の魚を密放流する昨今とは大ちがいである。

油坂峠　郡上八幡から国道一五六号線・国道一五八号線を九頭竜湖方面へ約二五キロ。
温見峠　岐阜から国道一五七号線を越前大野方面へ約七〇キロ。能郷白山へは能郷谷の林道に入り登山口から山頂まで徒歩約三時間。

80　三つに分けられてしまった濃尾平野の暴れん坊

ところで、中京地方に住む人には常識かもしれないが、木曽川・長良川・揖斐川のいわゆる「木曽三川」は、もともとは一本の川であったのを知っているだろうか。生まれも育ちもちがう三つの川ではあるが、かつては中流から下流にかけて合流し、それがひとつの原因となりたびたび大洪水をもたらしていた。集落の周りを高い堤防で囲んで暮らす「輪中《わじゅう》」は、そのための自衛策としてつくられたものだ。

江戸時代から三つの川に分ける工事がはじまり、明治中ごろの河川改修によって木曽川と長良川が切り離され、さらに揖斐川と長良川との間に堤防が築かれた。三人集まって暴れ回っていたやんちゃ坊主たちは、このとき完全に引き離されてしまったのである。

さて大分水界はというと、能郷白山から冠山（一二五七メートル）をへて、北と南に分断された国道四一七号線を結ぶ冠山林道と冠山峠（一〇五〇メートル）で交差する。この近辺は、原生林と高山植物がつくりだす景観が美しく、朝日新聞社が選んだ「日本の自然100選」のひとつにもなっている。峠には駐車場と巨大な碑があり、ここから登山道がのびる鋭峰冠山がひときわ目をひきつける。

冠山林道は全線舗装されてしまったが、すぐ近くの高倉峠（九五〇メートル）に続く塚林道とあわせて走れば、奥美濃でも有数の大分水嶺横断ツーリングが楽しめる。ただし、二〇〇八（平成二十）年に完成した〝日本最後の巨大ダム〟といわれる徳山ダムが景観を一変させてしまい、おおいに惜しまれる。

冠山峠　大垣から国道四一七号線・冠山林道を福井方面へ約八〇キロ。
日本の自然100選　自然の生態がよく保たれている地域や、人間の努力で作り守られ親しまれている自然のうち、特別な保全が図られていないエリア一〇〇カ所を、朝日新聞社が一九八三（昭和五十八）年に選定した。

81 山深い越美国境にある龍神伝説の池

大分水界は、奥美濃で最深部の山をつたいながら、大分水嶺で通算三つめにあたる三国岳（一二〇九メートル）で岐阜・福井・滋賀三県の県境にぶつかる。そのすぐ手前の稜線上にあるのが、神秘的な緑色の水をたたえた「夜叉ヶ池」である。

ブナの自然林に囲まれた夜叉ヶ池は、標高一一〇〇メートルの大分水嶺の上にあり、流れこむ川もないのに決して涸れることがない。これを不思議に思ったのか、古くから龍が棲むと言い伝えられている。泉鏡花の戯曲『夜叉ヶ池』の舞台になり、坂東玉三郎主演で映画化もされている。

この付近に伝わる龍神伝説とはこのようなものだ。いまを去ること一二〇〇年前の大干魃の年、村の長者が道端で見かけた蛇に「雨を降らせてくれたら、どんな願いもかなえてあげよう」とつぶやいた。それからまもなく大雨が降りだし、長者や村人たちは大喜びした。

翌日、蛇の化身が「娘をもらいにきた」といって現われ、長者は弱り果てた。三人姉妹の一人が蛇に嫁ぐことを承知し、泣く泣く蛇と一緒に川を遡っていった。それからのち、長者はたびたび夜叉ヶ池を訪れ、龍神夜叉姫となった娘をしのぶのであった。

また村人たちは干魃になると夜叉姫に雨乞いに行くようになったそうである。

この伝説でおもしろいのは、夜叉ヶ池が越前と美濃を分ける分水嶺に位置するだけに、似たような話がどちら側にも残っていることだ。長者の住居や名前にしても、岐阜県では美濃国安八郡の安八太夫、福井県では越前国南条郡の弥兵次とされ、さらに同じ県のなかでも話にいろいろバリエーションがある。

しかも夜叉ヶ池は、岐阜県では揖斐川（木曽川水系）の、福井県では日野川（九頭竜川水系）の源流部といわれ、これでは夜叉ヶ池の水は太平洋にも日本海にも注いでいることになってしまう。

個人的には、岐阜県側の湖岸の足元にある崖（夜叉壁）から水がしたたり落ちていることを考え、岐阜県に軍配を上げたいところだ。しかし地下水まで考えれば、福井県の言い分もあながち嘘ではないのかもしれない。

こんなわけで、夜叉ヶ池がたまたま国境の大分水嶺にあるために、あわれ夜叉姫は出身地不詳のまま、我々に恵みの雨を降らせてくれているのである。

夜叉ヶ池　大垣から登山口まで国道四一七号線・国道三〇三号線・池ノ又谷林道を福井方面へ約七〇キロ。池まで徒歩約二時間。福井県側からも登山道あり。

第五章　近畿編

歴史とロマンあふれる関西の大分水界

若狭湾
柳ヶ瀬トンネル
栃ノ木峠
敦賀
三国岳
1209
深坂峠
国境
八草峠
百里ヶ岳 931
小浜
伊吹山
1377
関ヶ原
水坂峠
三国岳 776
三国岳 959
芦生の森
武奈ヶ岳
1214
霊仙山
1094
今須宿
琵琶湖
彦根
藤原岳 1140
御在所岳
1212
石榑峠
明延鉱山
遠阪峠
福知山
栗柄峠
鼓峠
佐々里峠
氷ノ山
1510
段ヶ峰
1103
氷上町石生
観音峠
京都
大津
鈴鹿峠
関宿
加太越
六甲山
931
笠取山 842
青山高原
大阪
奈良
津
神戸
青山峠
尼ヶ岳 958
大阪湾
播磨灘
金剛山
1125
芋ヶ峠
葛城山
858
高見山
1249
三峰山 1236
紀見峠
吉野山
雄ノ山峠
和歌山

1

北国街道から芦生をめぐり丹波路へ
大分水嶺の低さが新幹線の遅れを生んだ

82　日本海へと移動を続ける日本最大の湖

北陸地方と近畿地方を結ぶ北陸道（北国街道）は、木曾義仲、源義経、上杉謙信、豊臣秀吉など名だたる武将が大勢の軍勢を引き連れて通った歴史の道である。近江と越前の国境には、その最大の難所であった栃《とち》ノ木《き》峠があり、そのために北陸道は栃ノ木峠越えとも呼ばれていた。

大分水嶺である栃ノ木峠（五三九メートル）は名にしおう豪雪地帯にある。現在ここを通っている国道三六五号線でさえ、スノーシェッドでがっちりと守られているにもかかわらず、いまだに冬季は通行ができない。

峠をはさんで福井県側に今庄３６５スキー場、滋賀県側に余呉《よご》高原リゾートヤップがあり、関西・中京方面からのスキーヤーでにぎわっている。どちらのスキー場も山頂から敦賀湾の美しい展望が望め、日本海までの意外な近さに驚かされる。

それもそのはず、栃ノ木峠のあたりでは大分水界は日本海からわずか五キロくらいしか離れていない。かたや伊勢湾までは直線距離で約九〇キロ、大阪湾までなら約一三〇キロもあり、極端に日本海に片寄っている。栃ノ木峠から先も、若狭湾から五〜一五キロの距離を保ちながら、大分水界は琵琶湖北岸の山々を西へとのびている。

このあたりで大分水界が日本海に異常接近しているのは、琵琶湖がつくられた歴史と関わりがあるようだ。

琵琶湖は、いまの三重県上野盆地に約四〇〇万年前にできた大山田湖がはじまりだといわれている。それが土砂で湖が埋められたり、河川の氾濫で湖が広がったりを繰り返すうちに、少しずつ北へ移動してきた。最終的には約四〇万年前に現在の場所にたどりついている。

おそらくその過程で、大分水界の位置も少しずつ北へ追いやられ、こんなに日本海に近づけられてしまったのだろう。いまでも琵琶湖は年一センチのスピードで北へ移動し続けているらしく、このままいけば大分水界はなくなってしまうのかもしれない。

満々とたたえられた琵琶湖の水は淀川となって流れ落ち、関西地方の貴重な水源となっている。日本第七位の流域面積をもつ淀川ではあるが、流域面積の約半分は琵琶湖の流域が占めている。そのため、琵琶湖に流れこむ大小五〇〇本もの河川はすべてが一級河川となっている。そのうち大阪湾から最も遠い一本が淀川の源流とされ、栃ノ木峠の余呉高原リゾートヤップの前には「淀川の源」の碑がひっそりと立てられている。

―栃ノ木峠　米原から国道八号線・国道三六五号線を福井方面へ約五〇キロ。―

栃ノ木峠に立つ「淀川の源」の碑

83 車で通りぬけられるスリル満点の鉄道トンネル

栃ノ木峠を越えた大分水界は、国道三六五号線と並行に走りながら、北陸自動車道の柳ヶ瀬トンネルの上を通り過ぎていく。

その昔、現在の北陸自動車道のすぐ横には北陸本線が通っており、米原《まいばら》と金沢・富山を結ぶ幹線として急行列車が行き来していた。一八八四（明治十七）年に開通した北陸本線・柳ヶ瀬トンネルは、当時では日本最長のトンネル（長さ一三五二メートル）であり、これにより長浜と敦賀の間が鉄道で結ばれた。ところが一九五七（昭和三十二）年にもっと勾配のゆるい現在のルートに変更され、それ以降トンネルに汽笛が響くことはなかった。

そんな由緒正しき歴史をもつ柳ヶ瀬トンネルだが、いまは県道一四〇号線となってマイカーで通行できるようになっている。

このトンネルは片側通行になっているものの、こんなところを蒸気機関車が通ったのが信じられないくらい狭い。しかも、暗いうえにゆるやかにカーブしており、通行にはかなりの緊張を強いられる。ちょっと大げさかもしれないが、無事に向こう側に

かつて北陸本線が通っていた柳ヶ瀬トンネル。現在は車が通行できる

ぬけたときは、まるで峠をひとつ登り終えたような達成感がある。さすがは大分水嶺を貫通する歴史ある鉄道トンネルだ。

　なお、このトンネルでは、あまりの急勾配のためにしばしば汽車が立ち往生し、七十数年の歴史の間に合計一二人もの蒸気機関士が窒息死しているらしい。大分水嶺のなかには宮城・山形県境の関山トンネルという有名な心霊スポットがあるが、ここも心臓に自信のない人は明るいうちに通過したほうがよいかも……。

柳ヶ瀬トンネル　米原から国道八号線・国道三六五号線・県道一四〇号線を敦賀方面へ約四〇キロ（二輪・自転車・歩行者通行禁止）。

84　二つの海をつなぐ夢の大運河計画

柳ヶ瀬トンネルを過ぎた大分水界は、現在の北陸本線と国道八号線（塩津街道）が通る深坂峠《みさか》（三九〇メートル）を越えていく。さらに、道路の両側に二つのスキー場が向かいあっていた国道一六一号線（西近江街道）を、「国境《くにざかい》」というわかりやすい名の県境の峠で渡る。

越前と近江を結ぶ街道が通った深坂峠は、いまはなんの変哲もない峠道だが、ここには運河に魅せられた男たちのとてつもない夢が眠っている。

『日本再発見　水の旅』（富山和子、文藝春秋）から運河の歴史をひろってみよう。ことの発端は平安末期にまでさかのぼる。まず平清盛が日本海に面した敦賀から琵琶湖にいたる運河をつくろうと、深坂峠の開削を思いたった。そこで息子の重盛が工事を引き受けたものの、岩盤が硬くてあきらめざるをえなかった。

ところが、この一件を皮切りに次々と運河を通そうと企てる人が現われる。あの豊臣秀吉もこの計画に手を染めており、江戸時代には合計八回も計画が作られている。

明治に入ると「阪敦運河計画」として議会で承認されたものの、日露戦争のため立ち消えになる。それが、大正時代には三〇〇〇トン級、昭和に入ると一万トン級の船を通す「大琵琶湖運河計画」として復活している。だんだん話が大きくなる一方だ。

さらに戦後になると計画はかなり本格的になってきた。一九六一（昭和三十六）年に、当時の三重県四日市市長が自民党副総裁の大野伴睦をかつぎだし、「日本横断運河計画」をぶちあげた。敦賀から深坂峠をへて琵琶湖へと結び、さらに関ヶ原を通って揖斐川へつなげる、総延長一〇八キロの一大運河構想である。政府の大規模プロジェクトにも選ばれ、六年間にわたり調査費もつけられているから、完全に本気だったらしい。

ところが肝心の両氏が他界してしまったうえに、合計一億円もかけて調査をしたも

深坂古道にある深坂地蔵（塩かけ地蔵）。この道はかつては敦賀と塩津浜を結ぶ最短路として塩の運搬に利用された

のの有用性に疑問が投げかけられ、あえなく頓挫してしまった。当たり前といえば当たり前の結末だ。

だれがみても荒唐無稽な計画だが、もしこの運河が実現されていたら、琵琶湖は太平洋、日本海、瀬戸内海の三つの海につながる世界でも大変珍しい湖になっていたことになる。こんな大胆な計画が生まれるのも、深坂峠がとても低い大分水嶺だからであろう。もともと琵琶湖の北岸に横たわる大分水嶺は標高がせいぜい八〇〇メートルくらいしかない。なかでも深坂峠、国境、水坂峠、檜峠などは標高三〇〇メートル前後と極端に低くなっている。

その低さのせいで、冬には日本海からの季節風がそのまま琵琶湖方面に流れ、位置的には太平洋型気候であるはずの湖東地方に大雪を降らせたりする。冬場に関ヶ原から彦根のあたりで新幹線が遅れるのも、大分水嶺の低さのせいだといってよいだろう。

国境高原スノーパークと敦賀国際スキー場（現在は廃止） 二つのスキー場は国道一六一号線をはさんで向かい合っていたが、地図を見ると国境高原スノーパークは滋賀県（太平洋側）、敦賀国際スキー場は福井県（日本海側）に属しており、大分水界が両スキー場をたすきがけしたように走っている。

深坂峠 米原から国道八号線を敦賀方面へ約四〇キロ。

85　京の都には大分水嶺越えの街道が集まる

湖北の分水嶺で時間をとりすぎたので、少し先を急ごう。国境をあとにした大分水界は、琵琶湖国定公園の北限をなぞりながら、そのものズバリ分水嶺を意味する水坂《みさか》峠（九里半峠、二九〇メートル）にいたる。

水坂峠を通る若狭街道（現在の国道三〇三号線）は、かつては若狭と京都を結ぶ幹線ルートであった。小浜の港に着いた北国の米や若狭湾の海産物を京に運ぶのに使われ、別名「鯖街道」とも呼ばれていた。若狭でとれた鯖が軽く塩されたあと、二五里の道のりを丸一日かけて届けられた。盆地である京都に住む人々にとって鯖は貴重な海の幸であり、京料理の食材のひとつにもなっている。

現代人の感覚だと、傷みやすい魚である鯖を冷蔵もせず一日がかりで運んで、本当においしいのだろうかと思う。ところが、運ぶ途中にほどよい味加減になり、鯖寿司のネタとしても喜ばれていたようだ。ひょっとすると若狭ブランドと大分水嶺越えの苦労が、京の人たちの味覚に一味加えていたのかもしれない。

水坂峠から若狭街道に沿って走る大分水界は、やがて福井県・滋賀県境の尾根をたどるようになる。さらに福井県・滋賀県・京都府の境にそびえる三国岳（三国峠・

七七六メートル）をへて、近江・山城・丹波の国境にある同名の三国岳（九五九メートル）にいたる。

三国岳の西側は日本海に注ぐ由良川の源流部にあたり、「芦生《あしゅう》の森」と呼ばれる美しい自然林が広がっている。京都北山の最奥部に位置する芦生は、温帯性の落葉広葉樹林が自然のままで残っており、いまでは京都大学農学部が演習林として九九年契約で借りている。

このあたりはかつて「木地師の隠れ里」と呼ばれていたように、昔から人手が入っていた。それが現在では、原生林と人工林がみごとに調和し、成熟した森の姿が息づいている。

トチやミズナラがおおいかぶさる由良川源流の美しい渓畔の景観は、繊細で多様な日本の森の典型的な姿である。「日本の自然100選」にも選ばれ、世界遺産への申請の動きもあるらしい。まさしく二一世紀に残したい大分水嶺の自然景観である。

佐々里峠（七二〇メートル）を越えた大分水界は、若狭と京都を結ぶ交通路と次々と交わる。国道一六二号線（周山街道）の深見トンネル、JR山陰本線胡麻《ごま》駅付近、国道九号線（丹波路）の観音トンネルなどである。

「京七口」と呼ばれたように、都がおかれた京都には四方八方から街道が集まり、大阪に通じる道以外はすべて大分水嶺を越える街道となっている。逆にいえば、京の都が一〇〇〇年以上も栄えたのは、まわりを大分水嶺にしっかりと守られてきたせいかもしれない。きっとここを都と定めた桓武天皇は、すばらしく地形を読む力のある人だったのだろう。

水坂峠　近江今津から国道三〇三号線を小浜方面に約一五キロ。
芦生の森　京都から府道三八号線・国道四七七号線・府道三八号線を美山方面へ約六〇キロ。入山には演習林事務所での許可が必要。
佐々里峠　京都から府道三八号線・国道四七七号線・府道三八号線を美山方面へ約五〇キロ。

2

日本列島を東西に分断する幻の日本海峡

丹波高原から氷上回廊を渡り生野へ

86 大地のドラマ・河川争奪の物語

地図に関する楽しい本をたくさん書いておられるエッセイストの堀淳一氏に『誰でも行ける意外な水源・不思議な分水』（東京書籍）という著作がある。全国の源流や分水界を訪ね歩き、そのバラエティに富んだ姿を地形・地理学的な視点から解説し、地形に秘められたドラマを紹介したものだ。本書をのぞいては分水嶺について書かれたほとんど唯一の本であり、分水嶺ハンターとしては必読の書といってもよいだろう。

この作品のなかで、大分水界の峠のひとつ、篠山盆地の北部にある鼓峠《つづみ》（三三二メートル）が典型的な片峠として紹介されている。

デカンショ節で有名な丹波篠山の町から、瀬戸内海に注ぐ宮田川（加古川水系）に沿って鼓峠をめざすと、峠の前後で風景が一変してしまうのに驚かされる。

峠にいたるまでは、低い山あいの丹波地方らしいのんびりとした田園風景のなか、ほとんど平坦なドライブが続く。ところが、谷中分水界の説明板を過ぎて峠を越えるやいなや、高度感のあるV字に切れこんだ深い峡谷をヘアピンカーブの連続で滑り降りていく。振り返れば先ほどまではやさしい表情を見せていた多紀アルプスが、見上げるほどに堂々たる姿でそびえたっている。

峠や分水界というと何となく山の稜線を想像しがちだが、このように片方がほとんど平らでもう片方が急角度で切れ落ちている峠もある。これを「片峠」という。大分水界のあちこちで見られ、とりたてて珍しいものではない。

このような地形ができる原因のひとつに、「河川争奪」と呼ばれる大地のドラマがある。

たとえば、源流部が接近した、浸食力がちがう二つの川があるとしよう。このときには、分水界は二つの源頭の境界にあることになる。浸食力の大きい川は峡谷をどんどん削っていき、源頭部がもう一本の川に少しずつ近づいていく。最後には源頭部に接触して、浸食力の弱い川の水が強い川のほうへドッと流れてしまう。これが河川争奪である。川の上流部がそっくりそのまま別の川のものになってしまうのだ。新しい分水界は、争奪された場所のすぐ近く、つまりかつて浸食力の弱い川が流れていたところにできることになる。

ここでおもしろいのは、源頭が接触して水の流れが変わった瞬間に、分水界がまったく離れた地点に移動することだ。このように、分水界が移動するのは人手によるものばかりではなく、自然の営みのなかでもごく普通に行なわれている。特に川の浸食作用が旺盛な日本では、今日もどこかの川で激しい争奪バトルが繰り広げられているのである。

河川争奪のあとには谷中《こくちゅう》分水界ができ、地形的にみれば、比較的なだらかな谷に急峻な峡谷が接する片峠となる。片峠にはこんなスケールの大きい自然の営みが隠されていたのだ。

鼓峠のすぐ隣にある栗柄峠《くりから》（二六七メートル）もみごとな片峠であり、狭い地域に二カ所も河川争奪による地形があるのは大変珍しい。どちらも由良川による加古川の争奪の結果生まれたものとされ、栗柄峠においては二つの川はわずか百数十メートルしか離れていない。由良川は日本海に、加古川は瀬戸内海に注ぐ川であり、このあたりでは日本海側のパワーが勝っているようだ。


――鼓峠・栗柄峠　三田から国道一七六号線・県道九七号線を綾部方面へ約三五キロ。――

87　本州で最も低い大分水界がある町

栗柄峠を過ぎた大分水界は、篠山盆地の北方にある山をつたいながら西へと向かい、やがてJR福知山線と国道一七六号線の通る盆地へと滑り降りていく。

兵庫県丹波市氷上町石生《いそう》。ここは本州で最も標高の低い大分水界がある町として、分水嶺ハンターならずとも一度は訪れたい場所だ。

瀬戸内海から加古川の支流、日本海から由良川の支流をたどっていくと、氷上盆地で鉢あわせをする。ここでは高い山（分水嶺）ではなく、平らな盆地の真ん中で水が分かれている。標高はわずかに九五メートルしかない。

石生の町では盆地を横切るように高谷川が東西に流れ、ちょうど右岸の土手が大分水界となっている。この川自身は瀬戸内海へと流れているのだが、源流に近い「水分れ公園」には川底に石を二～三個並べただけの簡単な堰があり、日本海側へも水が流されている。ちょっと人手を加えただけでも、簡単に反対側に流れるほどあやうい分水界なのだ。

丹波高原から中国山地へと続く山並みのなかで、加古川から氷上盆地をへて由良川にぬけるルートは、まるで曲がりくねった廊下のように低地帯が続いている。これがいわゆる「氷上回廊」だ。もし地球温暖化で海水面がいまより一〇〇メートル上がったなら、氷上回廊で日本列島が二つに分断されてしまう。氷上回廊ならぬ「氷上海峡」ができるというわけである。

氷上回廊は、高い山を越えることなく日本海から瀬戸内海にぬけられるため、南北の交易に利用されてきた。由良川の船便を使って内陸部へ運ばれた丹後の物資は、大分水界のあたりだけは陸路を使って加古川に運び、ふたたび船に積んで瀬戸内海側へと運ばれていった。

それならいっそのこと日本海と瀬戸内海をつないでしまおうと、二つの川を結ぶ運河をつくる「松宮構想」があった。もちろん実際には日の目を見なかったのは、琵琶湖のケースと同じである。

さらにおもしろいのは、兵庫県という全国で唯一の太平洋（瀬戸内海）と日本海にまたがる大きな県ができたのは、高い分水嶺を越えないで南北の交流ができたからだという説がある。

たしかに兵庫県民は〝国境の長いトンネル〟も〝険しい峠越え〟もなく、気軽に太平洋と日本海を行き来している。ひょっとするとそのコスモポリタン性が、港町神戸が発展するもとになったのではないかと、勝手に想像するのである。

向山から見た氷上町石生の本州で最も低い大分水界

水分れ公園の中にある水中分水点

88　家族連れで楽しむ大分水界観光コース

分水嶺サミットの発起人である旧氷上町は、分水界を観光資源として活用しようという意気込みが強く、町内には分水界にちなんだスポットがたくさん用意されている。それらをめぐる「大分水界観光コース」を、家族連れでも楽しめるモデルプランとして紹介しておこう。

石生の駅に降りたら、まず高谷川に架かる「水分《みわか》れ橋」をめざそう。町の中心を走る国道一七五号線（旧道）はここで大分水界を横切り、橋のたもとには中央分水界の標柱が立っている。

〝水分れ〟は文字どおり分水界を意味するのだが、〝身分れ〟にも通じることから、このあたりでは嫁入り行列はもちろん結納の品さえもこの橋を避けて通るようにしてきたそうだ。

次に水分れ橋から高谷川に沿って「水分れ公園」へと歩いていく。川の右岸につけられた車道がまさに大分水界となっている。あまりにありふれた道なので、とても太平洋と日本海の境目を歩いている実感はない。ここは想像力をしっかりと働かせて、大分水嶺上の散歩を楽しもう。

大きな駐車場を過ぎれば、ほどなく水分れ公園に着く。この公園では〝水と親しみ、水に考える〟をテーマに、分水界をイメージした小川や人工の滝が設けられている。夏であれば子どもが水遊びするのにもってこいだ。公園の入り口にある水中分水点では、実際に高谷川の水が瀬戸内海と日本海に分かれていく様子が見られる。

水遊びに飽きたらすぐ隣にある「水分れ資料館」を訪ねよう。全国で唯一の、分水界をテーマにしたとても個性的な博物館だ。

一階では、この付近の特異な自然や歴史をジオラマや写真パネルを使って紹介している。ひととおり眺めていけば、分水界についてかなり物知りになれる。日本の中央分水界全体についても説明があり、この本にある地図と比較してみると、微妙に位置がちがうのに気がつくはずだ。

これで物足りないという人は、二階の資料室に上がれば、水に関係するさまざまな本が閲覧できるようになっている。

驚かされるのは、中央分水界が所在する市町村のパンフレットがほとんどここに集められていることだ。分水界に関する情報をパンフレットに載せている自治体はまだ少ないようだが、興味のおもむくままそれらを眺めていると、地元でしか手に入らない情報が見つかったりする。本書のネタもたくさんひろわせてもらった。

資料を読むのに疲れたら、水分れ公園の北にある「分水界展望所」へと片道約三〇分の軽い登山にでかけよう。里山が浮島のように配置された氷上盆地の中央に、大分水界である高谷川が一直線にのびているのが手に取るように見わたせる。このくらいの山登りで満足できない方には、氷上回廊全体を見わたす「分水界展望ルート・向山連山登山道」(一周約五時間)も用意されている。

そして帰りのお土産には、分水界にちなんだ「丹波水分れの水」の一リットルパックをお忘れなく(駅で販売)。これで本州でいちばん低い大分水界の旅は終了となるのである。

水分れ公園　JR福知山線石生駅から徒歩約一五分。または三田から国道一七六号線を福知山方面へ約四〇キロ。

89　いまや幻となった運賃一円の鉱山電車

氷上回廊から北上を続ける大分水界は、国道四二七号線が通る遠阪峠(三六三メートル)を越え、生野《いくの》をめざして南下するようになる。生野では豊岡と姫路を結ぶJR播但線と国道三一二号線(丹馬街道)を渡り、円山川の上流にある峠を次々にまたぎ、やがて兵庫・鳥取県境にぶつかる。

このあたりはさまざまな鉱物を産出するゾーンであり、全国的に有名な生野の銀山のほかにも、いくつか鉱山が集まっている。そのひとつ、全国の錫《すず》生産の九〇パーセントを占めた明延鉱山には、かつて「一円電車」と呼ばれるユニークな電車が走っていた。

この電車は、もともとは明延鉱山で掘った鉱石を約六キロ離れた神子畑選鉱所に運ぶためにつくられたものである。正しくは、二つの地名の頭文字をとって「明神鉄道」と呼ぶ。鉱山で働く人やその家族も乗せていたのだが、運賃が一円ということから一円電車と呼ばれていた。どうやら運賃というよりも、何人乗ったか数えるために一円にしていたらしい。

鉱石を運び出す電車だけにかなり狭く、しかも三分の二の区間がトンネルだったため、うるさくて最悪の乗りごこちだったそうだ。一時はマスコミによく取りあげられ、訪れる鉄道ファンが少なくなかったが、そのうちに一般客の乗車が禁止になってしまった。残念ながら一九八七（昭和六十二）年に鉱山が閉山されたときに一緒に廃止されてしまい、いまでは一部の車両が保存展示されているだけとなっている。

一円電車の線路は大分水界のすぐ北側にほぼ並行してつけられており、いまでも軌道の跡が残っている。二〇〇七（平成十九）年に近代化産業遺産に認定されたことでもあり、明神鉄道そのものを大分水界体験軌道として復活してもらうわけにいかないものだろうか。

明延鉱山　姫路から国道二九号線・国道四二九号線・県道六号線を和田山方面へ約八〇キロ。鉱山めぐり　大分水嶺の近辺には鉱山が多く、構内めぐりができるところとして、ゴールドマイン高玉（高玉金山、福島県郡山市）、シルバー生野（生野銀山、兵庫県生野市）、マイントピア別子（別子銅山、愛媛県新居浜市）と金銀銅がそろっている。

3

歴史をきざむ天下分け目の大分水界

伊吹山から鈴鹿山脈をたどり鈴鹿峠へ

90 世界一の豪雪が降る高山植物の宝庫

近畿地方には、ここまで紹介してきた瀬戸内海と日本海を分ける分水界とは別に、もうひとつ支線と呼ぶべき分水界が走っている。伊吹山地から鈴鹿山脈と布引山地を通ってさらに和泉山脈をつなぐラインだ。太平洋（伊勢湾・熊野灘・紀伊水道）に注ぐ川と、瀬戸内海（大阪湾）に注ぐ川の境目であり、北部では淀川の、南部では紀ノ川の分水界となっている。

このラインには、揖斐関ヶ原、鈴鹿、室生赤目《むろうあかめ》青山、金剛生駒紀泉の四つの国定公園が並び、まるで近畿地方の風光明媚なところを数珠つなぎにしたようだ。分水嶺の高さはそれほどでもないが、近畿の分水界らしくたくさんの歴史ロマンを秘めている。峠や街道に耳をすませれば、過ぎ去った人たちの息吹が聞こえてくるはずである。

このラインの出発点である、岐阜・福井・滋賀県境をなす三国岳に戻ろう。三国岳から南へ進むとすぐに国道三〇三号線の八草峠（七五〇メートル）を越え、奥伊吹スキー場の上部を通りぬければ、伊吹山はもう目の前である。

どっしりとした山容の伊吹山（一三七七メートル、日本百名山）は、古くは日本武尊の伝説とともに日本書紀に登場した由緒正しき霊峰である。高山植物の宝庫として学術上とても貴重な山であり、織田信長が山麓に薬草園を開いたことでも知られている。

大分水界はちょうど伊吹山の中心を南北につたっており、山頂直下までのびた全長一七キロの伊吹山ドライブウェイからその尾根がよく見える。お花畑が広がる山頂に上がれば三六〇度の眺望がひらけ、天気のよい日なら遠く北アルプスまで見通せる。

伊吹山に降った雨や雪は、石灰岩でできた山体に染みこみ、天然のミネラルウォーターとなって湧き出してくる。南麓の大分水界のほぼ真上には、日本武尊が傷を癒すために飲んだといわれる「泉神社湧水」があり、名水百選に選ばれている。

新幹線で名古屋から大阪方面に向かうと、木曽三川を過ぎたあたりから前方に、伊吹山地から養老山地へと続く屏風のように並んだ山塊が見えてくる。冬であれば、名古屋では晴れていた空が、大分水嶺に近づくにつれてだんだん暗くなっていく。そう

車窓から見た真冬の伊吹山（大分水嶺）

しているうちに、雪がちらつきはじめたと思うまもなく、あっというまに一面の銀世界となる。
上越国境にも匹敵する、太平洋型気候から日本海型気候への劇的な変化が、ここでも体験できるのだ。
これは前に述べたように琵琶湖北岸の大分水嶺が低いことが関係している。冬の季節風がまともに伊吹山にあたり、関ヶ原を吹きぬけるときに大量の雪を落としていくからだ。
伊吹山は、一九二七（昭和二）年に一一・八メートルという信じ難い積雪記録をうちたてている。世界の名だたる分水嶺もこれにはかなわない。世界一の豪雪をいただいた伊吹山の姿は、東海道新幹線のなかでただひとつ真近に見える大分水嶺として、格好の展望ポイントともなっている。

八草峠　彦根から国道八号線、国道三〇三号線を岐阜方面へ約五〇キロ。
伊吹山　JR東海道本線近江長岡駅から伊吹登山口までバスで約一五分。山頂まで徒歩約三時間。

91　新幹線が通りぬけるうどん汁の分水界

伊吹山を滑り降りた大分水界は、山麓から今須峠（一七〇メートル）にかけての関ヶ原一帯で、東海道本線、東海道新幹線、名神高速道路、国道二一号線、国道三六五号線の五本の交通幹線と交わる。ここは大分水界六〇〇〇キロのなかで最も交通が集中しているポイントだ。

この付近は伊吹山地と鈴鹿山脈を分断する断層にあたり、分水嶺としてはさほど高くない。古くは東西を結ぶ交通の要衝として律令三関のひとつ「不破《ふわ》の関」がおかれ、江戸時代には中山道、北陸道、伊勢街道の三つがここに集まっていた。

関ヶ原といえば、一六〇〇（慶長五）年に徳川勢と豊臣勢が戦った天下分け目の

「関ヶ原の合戦」をだれもが思い浮かべるだろう。

大阪に攻め入ろうとする東軍（徳川家康）を食い止めるには、西軍（石田三成）はどうしてもここで敵を打ち破らなければいけなかった。そこで、西軍はいちはやく大分水嶺を背にした小高い丘に防衛態勢を固め、布陣では有利に立った。ところがご存じのように、味方の裏切り行為にあい、あえなく北国街道（現在の国道三六五号線）を敗走させられてしまった。街道が集まっているせいで逃げ道も豊富なのが、三成にはありがたかったようだ。

この合戦以前にも、大海人皇子と大友皇子が「壬申の乱」で皇位をめぐってここで死闘を演じている。関ヶ原がもつユニークな地勢が、歴史に残る大きな戦を二度も呼び寄せたのだろう。そういう意味では、日本のチャンピオンを決める競技場のようなところなのかもしれない。

いっぽう、関ヶ原は日本の命運を分けるだけではなく、言語や風俗などの文化の境界としても知られている。

食べ物でいえば、このあたりを境に「うどんのお汁」が関東風の真っ黒なものから、関西風の澄んだものへと変わる。それでは境界線にある関ヶ原ではどんなお汁が出てくるかというと、もちろん中間色のものなんかではなく、関東風と関西風の両方のうどん屋が店開きしている。

ネギにしても関ヶ原より東側では白ネギ、西側では青ネギが食べられ、関東風の赤味噌と関西風の白味噌や、雑煮に入れる餅の形の境でもある。さらに、「アホ」と「バカ」の境界線であることをご存じの方も多いだろう。

別の言い方をすると、ここは東西文化の接点ということになる。それを端的に表わすのが旧中山道にある「寝物語の里」の話である。大分水界が通る今須峠では、いまでも一本の細い溝をはさんで美濃と近江の国が接している。昔は両側にそれぞれの国の宿屋があり、旅人は寝ながらにして壁越しに異国の情報が得られたといわれている。

いまでは新幹線に乗ればあっというまに過ぎてしまう関ヶ原だが、このように日本人の歴史や文化にとってとても大きな意味をもつ大分水界なのである。

関ヶ原　大垣から国道二一号線を米原方面へ約一五キロ。またはJR東海道本線関ヶ原駅下車。
寝物語の里　JR東海道本線柏原駅から関ヶ原方面へ徒歩約二〇分。

92 峠越えをはばむ謎のコンクリートブロック

鈴鹿山脈は標高一〇〇〇メートル前後の低い山脈にもかかわらず、二〇〇〇種類を超える植物が生育している。そのため、花の百名山が四座（伊吹山、霊仙山《りょうぜん》、藤原岳、御在所岳《ございしょ》）もこの狭い地域に集中している。

これは、このあたりが本州で最も幅が狭く、植物が移動するためには鈴鹿山脈か伊吹山地を越えるしかなかったからだといわれている。植物が移動する際に、ちょうど大分水嶺が関所の役割を果たしてきたのである。

鈴鹿山脈では、滋賀・三重県境となっている主稜線がほぼ大分水界と重なっている。柏原から鈴鹿峠まですべて歩き通せば、八ヶ岳・中信高原に匹敵する一〇〇キロ近い大分水嶺トレッキングが味わえる。意外にも都会の近くに、こんな素敵な大分水嶺縦走コースが用意されていたのだ。

ところが惜しいことに、霊仙山から鈴北岳、仙ヶ岳から鈴鹿峠などではコースがとだえ、ヤブが深いうえに指導標らしきものもない。しかも鈴鹿山脈では宿泊施設がほとんどなく、テントを背負っての縦走を強いられるため、技術と体力を要する熟達者向きのコースとなっている。一般の人は、ふもとからピークを丹念に攻めていくか、峠越えのドライブを楽しむしかないようだ。

登山の対象としては、大分水界から少し西へはずれているが、鈴鹿最北で巨大な山容をほこる霊仙山（一〇九四メートル）、江戸時代から花の名所として知られた藤原岳（一一四〇メートル）、アルペンムードあふれる御在所岳（一二一二メートル）などの人気が高い。このなかで鈴鹿大分水嶺の全貌を眺めるのであれば、ピラミダルな山容と藤内壁の一大露岩で知られた御在所岳がおすすめだ。岩場続きの登山路をよじ登れば、琵琶湖と伊勢湾にはさまれた鈴鹿山脈が一望できる。ただし、ふもとの温泉からロープウェイがかけられているために、山頂付近が完全に観光地化されてしまい、やや興ざめしてしまうのが難点だろうか。

一方、車での峠越えのルートとしては、国道三〇六号線の鞍掛峠（八〇〇メートル）、国道四二一号線の石榑峠《いしぐれ》（六八〇メートル）、国道四七七号線（鈴鹿スカイライン）の武平峠《ぶへい》（八八七メートル）、国道一号線の鈴鹿峠（三七八メートル、日本百名峠）の四本がある。それぞれに独特の個性があるが、ちょっと変わったところで石榑峠を紹介しておこう。

この峠の前後二キロほどは恐ろしく狭く、下手に入ると立ち往生しかねない。そのため親切（？）なことに、峠の入り口にはちょうど二メートルほどの間隔をあけ

岩場で知られる御在所岳。湯の山温泉から山頂直下までロープウェイが通じる

て頑丈なコンクリートブロックが関所のように立ちふさがっている。愛車のボディを傷めずに通りぬけられる度胸とテクニックのある車しか通れないようになっているのだ。とても通れるとは思えず、ここで帰ってしまう車もあったとか。残念ながら土砂崩れの復旧工事が行われないまま、峠をバイパスするトンネルが完成した。分水嶺越えの〝酷道〟がまたひとつ廃道になってしまったわけだ。

霊仙山　JR東海道本線醒ヶ井駅から醒ヶ井養鱒場までバスで約一五分。山頂まで徒歩約三時間三〇分。
御在所岳　近鉄湯の山温泉駅から湯の山温泉までバスで約一〇分。山頂まで徒歩約三時間。
石榑峠　八日市から国道四二一号線を桑名方面へ約三〇キロ。

93　主役の座を奪われた東海道屈指の難所

　近江と伊勢を結ぶ鈴鹿峠は、古くは日本三関のひとつ鈴鹿関がおかれた交通と軍事の要衝であった。江戸時代には、東海道のなかで箱根と並ぶ難所とされながらも、大名行列や伊勢参りの人々でにぎわいをみせていた。鈴鹿峠トンネルの入り口付近にある旧峠には、いまでも旅人を見守る大きな常夜灯が残されている。一方、峠の南側には重要伝統的建造物群保存地区に指定された「関宿」が往時の面影をたたえている。

　山沿いを走る中山道が、碓氷、和田、塩尻、鳥居、今須と五回も大分水嶺を越えるのに対して、東海道ではこの鈴鹿峠越えの一回だけだ。付近はカモシカが出るくらいの山深いところではあるが、信州に比べれば標高も知れている。たしかに相当な難所にはちがいないが、中山道にしてみれば数ある峠越えのひとつなのかもしれない。

　江戸と京都を結ぶ幹線道路が大分水嶺を越える地点としては、鈴鹿山脈を通る東海道の鈴鹿峠と、関ヶ原を通る中山道の不破関越（今須峠）の二カ所がある。どちらも東西交通のメインルートとして、昔から主役の座を争ってきた。

現代では鈴鹿峠は、国道一号線という名誉ある番号こそかろうじてキープしたものの、東海道新幹線や名神高速道路など、残りの交通幹線はすべて関ヶ原ルートに取られてしまった。そのうえ、東海道という由緒正しき名前すら、もともと中山道であったはずの関ヶ原ルートに奪われてしまい、多くの人がこちらが東海道だと思いこんでいる。これでは、ちょっと気の毒な気がしないでもない。

いまの鈴鹿峠は、トラックがビュンビュンと走りぬける物流ルートとなり、物の往来は盛んでも、旅人の行き来はめっきり少なくなってしまった。かつて山深い鈴鹿峠にはしばしば山賊が出たそうだが、そんな時代を思わせる殺風景な峠になってしまったのは残念で仕方がない。まだ勝負は完全についたわけではないので、再起を期してがんばってほしい。

鈴鹿峠　草津から国道一号線を亀山方面へ約四〇キロ。またはＪＲ関西本線関駅から東海自然歩道を利用。

関宿　草津から国道一号線を亀山方面へ約五〇キロ。またはＪＲ関西本線関駅下車。

---

4 大分水嶺の向こうに広がる聖なる世界

青山高原から和泉山脈をたどり田倉崎へ

94 軽井沢を名乗るのに欠かせないものとは？

鈴鹿峠を越えた大分水界は、同じく東西交通の要だった加太越（三一〇メートル）で、大阪と名古屋を結ぶ幹線道路の国道二五号線（名阪国道）と、やはり主役の座を奪われてローカル線となったＪＲ関西本線を渡る。さらに、伊賀の忍者も通ったといわれる国道一六三号線（伊賀街道）の長野峠（四六〇メートル、日本百名峠）を越えて、青山高原をめざして南へ進んでいく。

春のツツジと秋のススキの名所として知られる青山高原は、南北約一〇キロ・東西約三キロにおよぶ大草原である。その中心部を走る青山高原道路がほぼ大分水界スカイラインとなっており、標高七〇〇メートル前後の稜線からは伊勢湾の大展望がひらける。一帯は室生赤目青山国定公園に指定され、「関西の軽井沢」とも呼ばれている。

ほぼ分水界上を県道 512 号青山高原公園線が走る青山高原

さてこの「○○の軽井沢」というキャッチフレーズだが、地元みずから宣言しているところから別荘業者が勝手に名乗りをあげたところまで、全国いたるところに散らばっている。

北から順番にあげていくと、「北海道の軽井沢」が羊蹄山の裾野に広がるニセコ町で、「東北の軽井沢」は福島県南部の羽鳥湖高原。さすがに本家が近い関東や中部には軽井沢の名をかたるところはないが、「東海の軽井沢」はいくつかある。わりによく耳にするのが、岐阜県・鷲ヶ岳の山麓にひらける高原地帯だ。

「関西の軽井沢」はいちおう青山高原ということになっているが、関西軽井沢ゴルフ倶楽部なるものが兵庫県猪名川町にある。「中国の軽井沢」は大山を望む蒜山《ひるぜん》高原で、「四国の軽井沢」は愛媛県の久万《くま》高原から四国カルスト台地のあたり。最後の「九州の軽井沢」は、九重連山を望む飯田・久住高原や由布院温泉などでキャッチフレーズとして使われている。

これらの軽井沢はいずれも冷涼な気候の高原地帯ではあるが、それ以外にもうひとつ共通点がある。本家を含むすべてが大分水界に隣接する高原なのである。

おそらく軽井沢の名をかたるには、単に高原というだけでは役不足なのだろう。「混雑した都会から車を走らせ、大分水嶺を越えたとたんにのびやかな別天地が広がる……」という演出が必要なのではないだろうか。この〝別天地性〟こそが優れたリゾートの条件であり、大分水嶺はそのために欠かせないものになっているのだ。

加太越　上野から国道二五号線を亀山方面へ約二〇キロ。
長野峠　上野から国道一六三号線を津方面へ約二〇キロ。
青山高原　上野から国道四二二号線・国道一六五号線・青山高原道路を亀山方面へ約三〇キロ。山麓の近鉄大阪線東青山駅から青山高原三角点（七五六メートル）まで登るには約二時間三〇分かかり、本格的なワンデイハイクを覚悟しておいたほうがよいだろう。

95　私鉄を使って大分水嶺を越える関西人

関西の軽井沢を縦断した大分水界は、青山峠（五〇〇メートル）で国道一六五号線と近鉄大阪線を越え、さらに布引山地を南下し、やがて奈良県境に沿うようになる。そして国道三六八号線を渡って高見山地にぶつかったところで西へと進路を変え、国道一六六号線の高見峠を南に見ながら奈良県へと切れこんでいく。

ここでわざわざ三本の国道の名をあげたのは、いずれも古くは関西方面からのお伊勢参りの道として使われてきたルートだからだ。三本の街道は北から初瀬街道、伊勢本街道、南街道と名づけられ、まとめて「伊勢街道」と呼ばれてきた。

いずれも街道筋は参詣者でにぎわったのだが、その後の運命は明暗分かれることとなる。なかでも伊勢本街道は、〝本〟と名づけられていたのに、三〇〇番台の国道となったうえに、以前は飼坂峠で国道がとぎれていた。そんな不遇の道となってしまったものの、逆にそのおかげで街並みや常夜灯などに街道時代の雰囲気が息づき、「歴史の道百選」にも指定されている。

さて、奈良県に入った大分水界だが、次々と国道や鉄道と交差しながら金剛山（一一二五メートル）をめざしてどんどん西へと進んでいく。

このあたりでは大分水界が中央構造線に沿って東西に走っているのに対して、近畿の中心部と和歌山県を結ぶ交通は南北に走っている。そのため、分水嶺越えの峠道があちこちに見られる。なかには吉野古道の芋ヶ峠（四九〇メートル、日本百名峠）のように歴史ロマンにあふれた峠があるのだが、ひとつひとつ紹介していくとまるで日本史の勉強会のようになってしまい、きりがない。

そのかわりといってはは変だが、この近辺で特筆すべきこととして、大分水嶺を横断する私鉄が集中している点をあげておこう。

日本の大分水嶺を横断する鉄道のほとんどがJR線であり、合わせて五〇路線・六四カ所にも上っている。そのほかの鉄道としては、私鉄が六路線、第三セクター鉄道に四路線（野岩《やがん》鉄道、智頭《ちず》急行、平成筑豊鉄道、松浦鉄道）がある。

私鉄六路線のうち、九州にある西鉄大牟田線をのぞけば、残りはすべて関西に集中している。南海電鉄（本線＝孝子―紀ノ川間、高野線＝天見―紀見峠間、加太《かだ》線＝加太―磯ノ浦間）と近鉄（大阪線＝西青山―東青山間、吉野線＝大阿太―福神間）である。さすが関西は「私鉄王国」と呼ばれるだけのことはある。

関西には古くから大分水嶺を越える街道がたくさんあり、いまでは私鉄で一時間も走れば簡単に大分水嶺を越えてしまう。大分水嶺に囲まれた大阪平野に住む関西人にとっては、大分水嶺越えなんてとりたてて論じることではないのかもしれない。

──芋ヶ峠　橿原から国道一六五号線・県道一五号線を吉野方面へ約二〇キロ。──

96 大分水嶺は三つの聖地への最初の関門だった

奈良盆地の南の端を吉野川に沿って西へ進んできた大分水界は、やがて金剛山地にぶつかり、次々と峠を越えながら和泉山脈に沿って進んでいく。そのなかで、西日本を代表する登山鉄道の南海高野線と国道三七一号線がぶつかる紀見峠（三九〇メートル）は、かつては仏教の聖地・高野山へと続く信仰の道であった。

弘法大師空海がひらいた高野山金剛峯寺は、真言宗の根本道場として老若男女を問わず全国から多くの参詣者を集めた。京や大阪から高野山をめざす道は、東高野街道、西高野街道、中高野街道の三本があった。これらはやがて河内長野でひとつに集まり、紀見峠で大分水嶺を越えて紀ノ川へ出る。そこからさらに高野古道を二泊三日かけて、ようやく山深い高野山にたどりついた。

紀ノ川から高野山へは「高野町石道《ちょういしみち》」と呼ばれる二十数キロにおよぶ昔の参道も残っている。鎌倉時代に一町ごとに立てられた町石卒塔婆《そとば》があることから、このように名づけられている。現在でも山上まで一八〇本あまりが並んでおり、旧跡を訪ねるハイキングコースになっている。

紀見峠から県境に沿って西へ進み、和泉葛城山《かつらぎ》（八五八メートル、日本百名峠）や紀泉高原スカイラインを過ぎ、少しずつ標高が下がってきたところに、もうひとつ聖地へと続く世界遺産の道がある。「熊野古道」の雄ノ山峠（一七四メートル）である。

熊野三山への巡礼がはじまったのは平安時代のころからで、室町時代には「蟻の熊野詣で」と呼ばれるくらいに大衆の人気を集めた。熊野へ向かう巡礼の道はいくつかある。和歌山県側を回りこむ中辺路《なかへち》と大辺路《おおへち》、三重県側を通る伊勢路、紀伊半島の中心部をぬける大峯道などである。どれも深い山と険しい谷を越える厳しいルートであった。

かつて都の上皇たちが歩いた中辺路には、九十九王子と呼ばれる小さな神社が街道沿いにまつられていた。巡礼者はそれらを順に拝みながら進み、休憩所や宿泊所としても利用してきた。

京都を出て四～五日目には紀伊の最初の王子である中山王子に到着し、ここから雄ノ山峠の登りにかかる。とはいえ、これから続く峻険な山道に比べれば雄ノ山峠なん

燈明岳遊歩道から見た和泉葛城山

て序の口もよいところ。熊野古道全体からみれば軽いウォーミングアップといったところだろうか。現在では、熊野古道と並行して阪和自動車道とJR阪和線が走っており、王子跡に立てられた説明板だけが昔日の面影を伝えている。

このようにかつて紀伊半島には、伊勢、高野山、熊野の三つの聖地があり、最近の流行言葉でいえば〝癒し〟を求める人々の心をひきつけてきた。大げさにいえば、神や仏の棲む聖なる世界が大分水嶺の向こうに広がっていたのである。そのために、京都や大阪から聖地に巡礼するには、いずれも大分水嶺を越えなければならなかった。いわば大分水嶺を越える峠道は、聖域に近づくための最初の関門だったのである。
さてそろそろ、歴史ロマンにあふれた近畿地方の旅を締めくくろう。雄ノ山峠を越えた大分水界は、孝子峠《きょうし》（一一〇メートル）で南海本線と国道二六号線（紀州街道）を渡る。そこから、少しずつ高度を落としながら加太の田倉崎で紀淡海峡※へと没し、さらに四国の大分水界へと続いている。

紀見峠　堺から国道三一〇号線を橋本方面へ約三〇キロ。または南海電鉄高野線紀見峠駅下車。
和泉葛城山　南海電鉄岸和田駅から牛滝山までバスで約三〇分。山頂まで徒歩約二時間。
雄ノ山峠　堺から国道二六号線・県道六四号線を和歌山方面へ約四〇キロ。またはＪＲ阪和線山中渓駅下車。

※海上保安庁の海域区分によれば、紀伊水道は瀬戸内海に属しており、和歌山県日ノ御埼と徳島県蒲生田岬を結ぶ線が太平洋との境目となっている。この区分けを使えば、近畿と四国の大分水界が『日本国勢地図』とは大幅にくいちがってしまう。だからといってだれが困るわけでもないが、どちらを公式見解とするか、お役所同士で鋭意検討と調整を重ねてほしいものである。

第六章　中国四国編

瀬戸内海をはさんで二本の大分水界が走る

鳥取県
犬挟峠
人形峠
氷ノ山 1510
戸倉峠
鳥取
日本海
松江
大山 1729
島根県
見返峠
阿佐山 1218
蒜山 1202
仏ヶ仙 744
物見峠
那岐山 1255
志戸坂峠
兵庫県
道後山 1271
中山峠
四十曲峠
恐羅漢山 1346
安芸冠山 1339
浜田
明神峠
上根峠
三次
神石高原町
東鳳翩山 734
西鳳翩山 742
大ヶ峠
豊田
傍示峠
峠ヶ谷
広島
向井原
上下
岡山県
岡山
播磨灘
高松
相栗峠
鵜峠
鳴門海峡
広島県
香川県
境目峠
岩国
野道峠
米山峠
山口
貴飯峠
秋吉台
下関
周防灘
松山
愛媛県
三坂峠
吉野川
徳島
徳島県
猪ノ鼻峠
池田ダム
雲辺寺
高知
大野ヶ原
韮ヶ峠
佐田岬
法華津トンネル
土屋トンネル
九十九曲峠
不入山
石鎚山 1982
瓶ヶ森 1897
笹ヶ峰 1860
東赤石山 1707
室戸岬
太平洋
足摺岬

1 日本海へと急接近する大分水界

氷ノ山から蒜山をめぐり比婆山系へ

97 中心から大きくはずれた鳥取・岡山県境

地元の浜坂町（現・新温泉町）出身で、『単独行』の遺稿集で知られる不世出の単独登山家、加藤文太郎が「兵庫槍ヶ岳」と名づけた氷ノ山《ひょうせん》（一五一〇メートル）。中国地方第二位の標高をほこり、氷ノ山後山那岐国定公園の中核をなす名山だ。瀬戸内海気候と日本海気候の接点に位置し、西日本でも有数のブナの原生林と山上の高層湿原で知られている。付近にはたくさんの林道が走り、関西方面からのオフロードツーリングの人気が高いエリアでもある。

大分水界は氷ノ山の中腹まで登ったところで引き返し、姫路と鳥取を結ぶ国道二九号線（若桜街道）の戸倉峠（九〇〇メートル）を越える。ここからしばらくは、鳥取県境に沿って中国山地を西へと向かうようになる。

国道三七三号線と智頭《ちず》急行が通る志度坂峠（六〇〇メートル）、旧道にダートが残る黒尾峠（六四〇メートル）を越えると、那岐《なぎ》山（一二五五メートル）の山上に達する。その先には西日本一長い鉄道トンネルをもつJR因美線の物見峠（六三五メートル、日本百名峠）、核燃料となるウランを産出した人形峠（七四〇メートル、日本百名峠）という二つの名峠が待っている。

人形峠には高速増殖炉「もんじゅ」で有名な日本原子力研究開発機構の展示施設「アトムサイエンス館」があり、原子力エネルギーのお勉強ができるようになっている。

ひと昔前は「アトム」や「ウラン」といえば、漫画のキャラクター名にもなったように、輝ける人類の未来を約束するような言葉であった。ところが、安全神話があえなく崩壊した今では、日本の国を危うくする迷惑者以外の何ものでもない。おまけに、閉山から三〇年以上もたったいまでも、無責任にもウラン残土が放置され、地元では大きな問題となっている。そういう意味では、人形峠も歴史の流れに翻弄されてきた峠のひとつだといえよう。

さて話は突然変わるが、ここで簡単なクイズをひとつ。中国地方の白地図をひらいて、「鳥取・岡山県境を書きこんでください」といわれたら、あなたは一体どのあたりに線を引くだろうか？

「そんなの簡単だよ」とばかりに、中国地方を南北に二等分する線を書いた方は、残念ながら不正解。地図をよく見てほしい。実際にはかなり日本海に寄ったところにあるはずだ。たとえば人形峠のあたりでは、県境である大分水界は日本海から直線距離で二〇キロくらいしか離れていないが、瀬戸内海までは八〇キロ以上もある。その比率は一対四にもなる。

岡山県は思いのほか大きく日本海近くにまで張り出し、そのせいで鳥取県はかなり海ぎわに追いやられて南北に狭い県となっているのである。

実際に岡山県と鳥取県の面積を比べると、東西の長さはほとんど同じにもかかわらず、約二倍の開きがある。鳥取県の人口は某大手マンション業者のつくったマンションの住人数よりも少ないそうだが、それはあながち過疎のせいばかりとはいえない。大分水界がこんなにも日本海に近づいているからでもあるのだ。

氷ノ山　若桜鉄道若桜駅から春米までバスで約三〇分。山頂まで徒歩約二時間三〇分。
那岐山　JR津山線津山駅から高円までバスで約四〇分。山頂まで徒歩約三時間。
人形峠　津山から国道一七九号線を倉吉方面へ約五〇キロ。

98　三冠王に輝く真の隠れた名山

人形峠をあとにした大分水界は、新旧二本の国道三一三号線（伯耆街道）を犬挟《いぬばさり》峠（五一四メートル）で越え、蒜山（一二〇二メートル）の三つの山をつなぐ稜線をたどっていく。

犬挟トンネルのすぐ近くには、仏ヶ仙（七四四メートル）というほとんど地元の人しか知らない山がある。ところがこの山は標高こそ低いものの、一等三角点、中央分水嶺、都道府県境の三つを兼ね備えた数少ない山のひとつであり、『朝日新聞』（一九九九年十二月十一日付朝刊）にも取り上げられたことがある。

何回も述べたように中央分水嶺と都道府県境は一致していることが多いが、さらに一等三角点をも兼ねるとなると思いのほか少ないものである。この記事では、全国にたった八座しかないとされている。

おそらくこれは、一等三角点の本点だけを、しかも本州の中央分水嶺に限って数えたものだろう。だとすれば、和賀岳、船形山、三本槍岳、三宝山、能郷白山、百里ヶ岳、仏ヶ仙、阿佐山となる。もし九州も含めるなら、英彦山と国見岳の二座を加えなければいけない。いずれにせよ、仏ヶ仙が最も標高が低く、知名度の低さでも群をぬ

西麓から見た大山

いている。これこそ真の隠れた名山ではないだろうか。
もうひとつこの付近で興味深いのは、太古の昔には大分水界がいまよりかなり南にあったといわれていることだ。それが支笏湖のケースと同じように、大地のスケールの大きい営みにより蒜山の稜線へと移動している。
約一〇〇万年前ごろに火山活動により蒜山三座が生まれ、日本海へと流れていた川がせき止められて南麓に蒜山原湖が現われた。その後、瀬戸内海へと流れる旭川の浸食により、蒜山原湖の水は反対の南側へと流れ出した。そのうち湖が干上がって誕生したのが、東西二〇キロ、南北一〇キロにわたって広がる蒜山の大高原盆地なのである。

　このあたりには湖があった時代の名残として、植物性プランクトンが堆積してできる珪藻土が採れ、水を濾過精製するのに利用されている。中蒜山のふもとには、「塩釜冷泉」と呼ばれる旭川の源流のひとつとなる小さな池があり、ここも名水百選に指定されている。

　蒜山三座をつなぐ縦走路尾根では、ジャージー牛の産地としても名高い蒜山高原を眼下にしての快適な分水嶺トレッキングが味わえる。稜線をそのまま西へたどっていけば中国一の高峰で、伯耆富士とも呼ばれる大山《だいせん》（一七二九メートル、日本百名山）に続いているのだが、残念ながらこの区間は登山道が整備されていない。

　一方、大分水界も大山山頂には届いておらず、擬宝珠山《ぎぼしゅがせん》（一一一〇メートル）のあたりで方向転換をして蒜山大山道路を見返峠（九二〇メートル）でまたいで南をめざすようになる。そんなわけで、前に述べたように、大山を大分水嶺の百名山に数えあげるかどうかで悩んでしまうのである。

仏ヶ仙　JR姫新線中国勝山駅から八束村スポーツセンター前までバスで約一時間。山頂まで徒歩約二時間。
蒜山（上蒜山）　JR姫新線中国勝山駅から上蒜山登山口までバスで約一時間三〇分。山頂まで徒歩約二時間。
大山　JR山陰本線米子駅から大山寺までバスで約一時間。山頂まで徒歩約三時間。

99 東北と並ぶ分水嶺鉄道の密集地帯

大山隠岐国立公園からぬけだした大分水界は、国道一八一号線の四十曲峠（七七〇メートル、日本百名峠）をはじめ、次々に山陰と山陽をつなぐ連絡路を越えていく。そして、谷田峠（五八〇メートル）で岡山と米子を結ぶJR伯備線をまたぎ、比婆道後帝釈国定公園の東端に位置する道後山《どうごやま》（一二七一メートル）をめざしてさらに西へ進んでいく。

陰陽の交通が盛んな中国地方は、東北地方と並ぶ分水嶺横断鉄道の密集地帯でもある。因美、伯備、芸備など路線の名前からして、大分水嶺をはさんだ二つの国の頭文字がとってつけられている。列車ダイヤをうまくつないでいけば、効率的に分水嶺横断の旅が味わえるエリアとなっている。

このあたりの分水嶺横断鉄道の代表選手として、その典型的な姿が見られ、分水嶺通過を車内アナウンスしてくれるJR伯備線を紹介しておこう。

分水嶺に向かう列車には、必ずといってよいほど進行方向と反対に流れる川が寄り添っている。小さなトンネルをいくつもくぐり、何度も川を渡り返し、列車はうなり声をあげながら分水嶺をめざして登っていく。その途中には奇岩怪石の名勝が用意され、木立越しに見える絶景に目をうばわれる。

いよいよ谷が狭くなり流れも細くなったと思うと、突然長いトンネルに入る。モーターの音がやむとまもなく、静かにトンネルを滑り降りていく。そこには、さっきと同じような清冽な流れがあり、今度は列車の進行方向と同じ向きに流れている。

これがテレビドラマなら「傷心の主人公が後戻りのできない人生に踏み出したことを感じる……」なんていう設定になるのだろう。ちょっとセンチメンタルな気分にさせてくれる一瞬である。

四十曲峠　米子から国道一八一号線を津山方面へ約四〇キロ。

ＪＲ伯備線　ＪＲ山陽本線岡山駅または山陰本線米子駅から特急やくもを利用。

中国地方の分水嶺横断鉄道　智頭急行（山郷―あわくら温泉間）、ＪＲ因美線（美作河井―那岐間）、ＪＲ伯備線（新郷―上石見間）、ＪＲ芸備線（道後山―小奴可間、吉田口―向原間）、ＪＲ福塩線（備後矢野―上下間）、ＪＲ山口線（篠目―仁保間）、ＪＲ美祢線（渋木―於福間）など。

100　もののけ姫の宿敵が暮らした森

『日本の山　西日本編』（中山正民ほか、そしえて）によれば、中国山地にそびえる道後山は、古くから「たたら製鉄」の原料である砂鉄の産地として利用されてきた。たたらとは、粘土製の炉の中に砂鉄と木炭を交互に入れて、砂鉄を溶かして鉄を作る製鉄法だ。鉄鉱石から作るよりも純度も柔軟性も高い鉄が得られ、芸術品ともいわれる美しい日本刀もこの製法によって生みだされている。

たたら製鉄は、砂鉄と木材の両方が手に入る中国地方で盛んに行なわれ、多いときには四万人あまりが働いていたと推定される。大ヒットしたアニメ映画『もののけ姫』のなかで、たたら場で働く女たちが力を合わせてふいごを踏んでいる姿を覚えている人も多いことだろう。あの活気あふれる世界が、中国地方のあちこちで見られたのである。

原料の砂鉄を作るには、山の土砂を水で流しながら比重の重い砂鉄を採り出す「鉄《かん》穴《な》流し」と呼ばれる方法がとられた。いかにも効率が悪そうな方法であり、そのために地形が変わってしまうほどのおびただしい量の土砂が採取されている。

中国山地全体では一五億立方メートル、じつに高度成長期の二〇年間に首都圏で宅地造成によって移動させられた土砂と同じだけの量が採掘されたそうだ。これでは地形が変わってしまうのも無理はない。

しかも製鉄は大量の木材を消費し、数回の製鉄でひとつの山を丸裸にするほど自然にダメージをあたえた。だからこそ映画のなかでは、たたら場のオーナーであるエボシ御前が自然破壊のシンボルとして描かれたのである。自然破壊を恐れないエボシ御前と、神々の森を守ろうとするサン・アシタカとの戦いは、ある意味では本当にあった物語だといってもよいだろう。

道後山　JR芸備線備後落合駅から道後山麓までバスで約三〇分。山頂まで徒歩約二時間。

たたら製鉄とヤマタノオロチ伝説　たたら製鉄が盛んであった出雲地方では森林の伐採と製鉄場からの大量の排水が下流の農民を苦しめていた。八つの頭と尾をもつ大蛇が娘を食い荒らす「ヤマタノオロチ伝説」は、鉄分を含んだ赤い土砂が洪水となって稲田を荒らすことをなぞらえたものとする解釈が多い。

---

2 中国地方一の大河を迂回する大分水界

吉備高原から山口をへて下関へ

101 陰陽を結ぶ石州街道の宿場町

道後山を過ぎると、大分水界は突然に中国山地の脊梁部を離れ、瀬戸内海に向けて南をめざすようになる。これは中国地方最大の大河で、「中国太郎」という異名をもつ江《ごう》の川の流域を、大きく迂回するからである。

広島県の阿佐山に源を発した江の川は、広島県北部の中心都市である三次で三方向からきた支流と合わさり、中国山地をぬうように流れて日本海へと注いでいる。広島・島根県境は中国山地の主稜線に沿ってつけられているため、この区間では大分水界と県境は大きく離れている。山陰と山陽を貫く江の川の流域には、三次をはじめ陰陽交通で栄えた街がたくさんあり、江の川は中国地方の生活や文化に欠かせない重要な河川となっている。

広島と備中神代を結ぶJR芸備線と国道三一四号線を越えた大分水界は、中山峠（六一〇メートル）で中国自動車道をまたぎ、日本五大名峡のひとつ帝釈峡のある神石高原町へと入っていく。

このあたりからしばらくは、吉備高原と呼ばれる五〇〇メートル前後の高さのなだらかな山並みが広がる準平原地帯が続いている。そのため、だんだん大分水界の位置がわかりにくくなっていく。もし大分水界六〇〇〇キロの完全走破をねらう人がいたなら、ひょっとすると吉備高原がルートファインディングにいちばん苦労させられるところとなるかもしれない。

神石高原町からさらに南へ進んでいくと、府中市上下町で福山と三次を結ぶJR福塩線と国道四三二号線を渡る。

上下町は、その名のとおり陰陽を結ぶ石州街道の宿場町である。幕府の天領として備後・備中五万石を治める代官所がおかれ、石見銀山で採れた銀の中継集積地として栄えた。古くから中央の文化が伝わった歴史と文化の町であり、いまでも往時をしのばせる白壁土蔵づくりや格子戸の家などが残っている。まるでタイムトンネルをぬけだしたような心持ちにさせられる、とっても素敵な街だ。

国道四三二号線を南から上下町をめざすと、ちょうど旧町役場の手前で大分水界を越えることになる。全国でも珍しい大分水界のすぐわきにある町役場だったのだが、残念ながら合併後は支所となり、その後移転してしまった。付近には分水嶺地点を示す看板が立てられ、町から少し離れた県道二七号線吉舎油木線のわきにも分水嶺を表わす石碑がある。分水嶺と歴史の両方が楽しめるスポットとして、大分水界が通る市町村のなかでもおすすめの街のひとつである。

神石　尾道から国道一八四号線・国道四三二号線・県道二五号線を東城方面へ約七〇キロ。
上下　尾道から国道一八四号線・国道四三二号線を庄原方面へ約五〇キロ。またはＪＲ福塩線上下駅下車。

102　瀬戸内海のすぐ近くにある完璧な片峠

そんな上下町から、さらにわかりにくくなった大分水界をたどっていくと、向原のあたりでＪＲ芸備線をもう一度越える。ここは標高二一〇メートルと全国でもかなり低い部類に入る平地分水界で、ＪＲ向原駅の線路わきには分水界を示す「泣き別れの標柱」が立っている。分水嶺を表わす標識や石碑は、あるところには集中してあり、広島県は岐阜県と並ぶ密集地帯となっている。

旧上下町役場前の分水界

上下町の分水嶺の碑

交差点の真ん中が分水界

向原駅の線路脇にある「泣き別れ」の分水界標柱

峠ヶ谷の陰陽分水嶺の碑

その先には、広島と三次をつなぐ国道五四号線（出雲街道）の上根峠（二六八メートル、日本百名峠）がある。ここも、典型的な片峠として知られているところだ。広島側から狭い谷のなかを峠めざして進むと、行く手をさえぎるような急な崖が現われてくる。地図を見てもわかるように、国道（旧道）はその崖を九〇度と一八〇度の急ターンを駆使してようやく登っていく。ところが、上根峠の頂に達するとなだらかな傾斜の盆地のようなところに出る。まさに河川争奪の見本のような完璧な片峠だ。あまり完璧すぎてかえって交通の妨げになり、いまでは新しい国道（上根バイパス）が峠を少しずつ登るようになっている。

上根峠は日本海に注ぐ江の川と瀬戸内海に注ぐ太田川の分水嶺にあたり、ここにも国道沿いに分水嶺を示す看板がある。ここから広島湾までは直線距離でわずかに二五キロしかなく、鳥取・岡山県境とは反対に今度はかなり瀬戸内海に片寄っている。中国地方の大分水界は、南北に蛇行が激しいのが特徴である。また江の川は、瀬戸内海のすぐそばからわざわざ中国山地を横切って遠い日本海をめざして流れている不思議な川でもある。

それと、ちょっとおせっかいになるかもしれないが、上根峠は「かみねのたお」と読むのが正しい。

峠に関する本に必ず出てくる話だが、峠の語源には二つの説がある。ひとつは人々が峠の神に〝手向け〟たことから、タムケ→トウゲと変化したというものである。もうひとつは山の鞍部の〝たわみ〟がトウゲになったという説で、タワやタオという呼び名もここから生まれている。どちらが正しいかを決めるのは難しく、両方が相まってトウゲという呼び名が生まれたと考えるのが通説となっている。ともかく上根峠では、トウゲではなくタオなのである。

―上根峠　広島から国道五四号線を三次方面へ約三五キロ。―

103 日本では珍しいダムのない一級河川

上根峠を越えた大分水界は、ふたたび中国自動車道をまたぐ明神峠（四三〇メートル）あたりから北をめざしはじめ、「陰陽分水嶺の碑」がある峠ヶ谷（五一〇メートル）で国道四三三号線を越える。そこからさらに北上し、江の川源流の阿佐山（一二一八メートル）でようやく島根・広島県境のある中国山地の主稜線に合流する。そして、しばらくは西中国山地国定公園の核心部を南西方向へ進んでいく。

双耳峰の阿佐山から冠山地の主峰・安芸冠《あきかんむり》山にいたる西中国山地は、一〇〇〇メートル級の山並みが約五〇キロにわたって続く細長い大分水嶺である。

標高こそ低いものの、ブナやナラなどの手つかずの原生林が残り、広島市を流れる太田川の水源地帯となっている。中国一の清流と呼ばれる錦川の支流のひとつ、名水百選にも選ばれた寂地川も、西中国山地の豊かな森にはぐくまれている。

山稜の瀬戸内海側には、切り立つ絶壁と清冽な滝が美しい三段峡や寂地峡。かたや日本海側には、四季折々の変化がみごとな表・裏・奥匹見峡などがあり、渓谷美をほこる名峡が集まっているエリアでもある。

また西中国山地は中国地方きってのスキーエリアとして、瑞穂ハイランド、ユートピアサイオト、芸北高原大佐、やわたハイランド191リゾート、恐羅漢などたくさんのスキー場がひしめいている。それぞれの規模は小さいものの、日本の大分水嶺のなかで最もスキー場が密集しているゾーンは、意外にもこの西中国山地なのである。

広島県の西端に位置する安芸冠山（一三三九メートル）を越えた大分水界は、紅葉の名所として名高い深谷峡谷の近辺と米山峠（七四〇メートル）の二カ所で、連続して中国自動車道と交わる。さらに、清流・錦川の源流部を通りながら、国道三一五号線の野道峠（五五〇メートル）のあたりから山口県の中心部へと切れこんでいく。

この区間では、山口県岩国市と島根県旧日原町（現・津和野町）をつなげる国鉄岩日線が、大分水嶺をぶちぬいて陰陽を結ぶはずであった。

一九六三（昭和三十八）年に岩国から錦町まで開業した国鉄岩日線（現在の錦川鉄道）では、翌々年に残りの部分の建設がはじまった。ところがようやく路盤もトンネルもほとんど完成し、あとは線路を敷くだけになったところで、突然工事がストップしてしまった。将来の高速化に耐えうる高規格路線だったにもかかわらず、赤字廃止対象にされてしまったのである。

地元では方策をいろいろ検討したのだが、どう計算しても採算の見込みがたたず、ついに六日市（現・吉賀町）側では路盤の一部が取り壊され、夢は完全に消え去ってしまった。錦町側にはいまでも幻の分水嶺横断鉄道の遺構がそっくりそのまま残されており、国道四三四号線から夢の跡を眺めることができる。本当にもったいない話で、何かよい使い道はないものだろうか。

岩日線が通るはずだった六日市も、古くから陰陽を結ぶ交通の要所として栄えた宿場町だ。町には、全国でも珍しいダム（大きな堰）のない一級河川として知られた高津川の水源がある。

〝ダムのない川〟といわれると、長良川や四万十川を思い浮かべる人が多いかもしれない。しかし、長良川では一九九五（平成七）年から河口堰の運用がはじまっているし、四万十川も上流には戦前につくられた立派なダムがある。一〇九水系一六七河川を数える一級河川のなかでダムがないのは、この高津川くらいといってよいだろう（といっても堰がまったくないわけではないが……）。

加えて高津川は珍しく水源地がはっきり特定できる一級河川であり、樹齢数百年といわれる一本杉が見守る大蛇ヶ池から高津川の源が湧き出ている。池の周囲は水源公園として整備され、そのなかには〝水と龍神〟をテーマにしたとてもユニークな博物館「水源会館」がある。

阿佐山　広島から尾関神社まで国道五四号線・一九一号線・国道一八六号線を浜田方面へ約七〇キロ。山頂まで徒歩約一時間三〇分。

安芸冠山　広島から潮原温泉まで広島自動車道・中国自動車道・国道一八六号線を六日市方面へ約七〇キロ。山頂まで徒歩約二時間。

六日市（水源公園）　岩国から国道一八七号線を益田方面へ約五〇キロ。

---

104 カルスト台地では大分水界が消え失せる？

山口県に入った大分水界は、京都と下関を結ぶ西日本の大動脈である国道九号線（山陰道）と並行に走りながら山口市をめざすようになる。そして田代トンネルで、〝貴婦人〟C57－1とレトロ客車が人気の「SLやまぐち号」がうなりをあげて走るJR山口線を通過し、近畿地方で一度渡った国道九号線（山陰道）と木戸山峠（三八〇メートル）でふたたび交わる。

山口市は和歌山市と並んで大分水界に最も近い県庁所在地である。その裏山にあたる東鳳翩山《ひがしほうべんざん》（七三四メートル）の頂からは〝西の京〟とも呼ばれる山口市街はもとより、はるか瀬戸内海まで見わたす大パノラマが広がる。大分水界は、東鳳翩山からは西鳳翩山（七四二メートル）への縦走路をへて、大分水界は秋吉台国定公園の外側を迂回するようにして西へと進んでいく（ものと思われる）。

特別天然記念物・秋吉台は、いうまでもなく日本最大のカルスト台地（石灰岩台地）である。秋吉台に降った雨は、三億年前の海中のサンゴ礁がつくった石灰岩を溶かし、ドリーネと呼ばれるすり鉢状の地形をつくる。雨はさらに岩の割れ目をつたって地下に流れこみ、地下水となって洞窟をつくりながら流れていく。そうしてできたのが、東洋一の規模をほこる秋芳洞をはじめとする一連の鐘乳洞である。

秋吉台に降った雨は、地形的には瀬戸内海に流れていくように見える。しかし、実際には地下水の複雑な流れを調べてみないことには、分水界の位置は特定できない。どこまで地下水が石灰層を浸食するかは、まわりの河川の水面の高さによって決まるらしいが、日本海に流れる水脈が地下にあっても不思議ではない。

さらに困ったことに、地表面の流れを見ていても、大分水界の位置がよくわからないところがある。

たとえばサファリランドの近くを三角田川という川が流れている。この川は、景清洞の近くに端を発したかと思うと、ほんのしばらく流れたのちに、大正洞の近くでこつぜんと地下へ消えている。これでは日本海と瀬戸内海のどっちに注ぐ川なのかさっぱりわからず、分水界の引きようがない。

こういうわけで先ほど歯切れの悪い表現をしたのであって、秋吉台周辺の大分水界はあくまでも想像の域を出ないのである。

東鳳翩山　山口市の背後にそびえ、山容の美しさと展望のすばらしさで人気の山。ＪＲ山口線山口駅から天花畑公会堂前までバスで約一五分。山頂まで徒歩約一時間三〇分。
秋吉台　特別天然記念物にも指定された日本最大のカルスト台地。三億年前の海中のサンゴ

礁が石灰岩になってできたといわれている。山口から国道四三五号線・国道四九〇号線を萩方面へ約三〇キロ。

105　屋形船から楽しむゲンジボタルの乱舞

秋吉台の北部を迂回した大分水界は、大ヶ峠《たお》（二八〇メートル）で長門市と厚狭《あさ》を結ぶＪＲ美祢《みね》線と国道三一六号線をまたぎ、俵山温泉の付近をぐるっとまわって下関市豊田町で国道四三五号線を越える。

豊田町では大分水界が町の中心部を縦断し、古くから分水嶺で分けられた水を公平に分配するための神様がまつられてきた。町の真ん中を流れる木屋川は、国の天然記念物として指定されたゲンジボタルの生息地であり、ホタルの里として知られている。シーズン中には「ホタル船」が運航され、川面に乱舞する幻想的なホタルの光が夏の風物詩として人気を集めている。

かつてゲンジボタルは本州から九州にかけての人里でよく見られた。ところが、開発が進むにつれホタルが棲める清流が減り、都市周辺ではほとんど目にすることがなくなってしまった。

しかしながら、大分水界の近くにはいまでもホタルの名所がいたるところに残っている。豊田町はその代表のひとつで、環境庁が選定した「ふるさといきものの里一〇〇選」の一つに選ばれている。分水嶺めぐりのついでに、神秘的な光のなかをのんびりと川下りと洒落こむのもおつなものである。

さて、長かった本州の大分水界の旅も、いよいよ終わりが近くなってきた。国道四九一号線の難読地名・貴飯峠《きばだお》（二五〇メートル）を越えると、大分水界は本州最西端の下関をめざすようになる。そして、山陽新幹線、中国自動車道などの交通幹線を次々に渡り、長府の町を見下ろす四王司山（三九二メートル）をへて、壇ノ浦の背後にそびえる火の山公園（二六八メートル）にいたる。ここから大分水界は九州をめざして関門海峡へと沈んでいくのである。

大ヶ峠　山口から国道四三五号線・国道三一六号線を長門方面へ約六〇キロ。
豊田　山口から国道四三五号線を豊北方面へ約六〇キロ。ホタル船は六月中下旬に運航。
貴飯峠　下関から国道二号線・国道四九一号線を長門方面へ約四〇キロ。

3

やまぐに四国には大分水界が存在しない？

鳴門から讃岐山脈をたどり法皇山脈へ

106 マスコミをにぎわす暴れん坊の三男・吉野川

関門海峡を渡って九州の大分水界に入る前に、瀬戸内海と太平洋を分かつ四国の大分水界を紹介しておこう。

出発点は徳島県鳴門市だ。鳴門といえば、なんといっても瀬戸内海国立公園にも指定されている鳴門のうず潮が有名である。ご存じのように、潮の満ち引きにより瀬戸内海と太平洋の水に落差が生じ、それが狭い鳴門海峡を通ることにより生まれる自然現象だ。そのうず潮のなかから、四国の大分水界の旅がはじまっている。

大分水界は鳴門から、JR高徳線、国道三一八号線、国道一九三号線など徳島と高松をつなぐ連絡路と次々に交わりながら、香川・徳島県境に横たわる讃岐山脈を西へと進んでいく。一〇〇〇メートル級の山が続く讃岐山脈の北側には讃岐平野が広がり、南側は四国最大の河川である吉野川の流域となっている。

日本の大河にも、かの有名なヒットソングと同じように三兄弟がある。歌に例えていうなら、弟思いの長男が「坂東太郎」の利根川。間にはさまれた次男が「筑紫次郎」の筑後川。兄さん思いの三男が「四国三郎」の異名をもつ吉野川である。

三兄弟は全国の川から大きいものの順に三つ選ばれたのではなく、各地域からいちばん大きい川を選び出したものである。だから、流域面積では一七位でしかない吉野川が、三男として大河の仲間入りをしている。ちなみに日本三大急流（最上川、富士川、球磨川）というのも、急流のベスト3ではなく、急流の地方代表と呼ぶべき川が集められたものである。

石鎚山系の瓶ヶ森に源を発する吉野川は、わざわざ山深い四国山地を南北に縦断して流れ、やがて中央構造線にぶつかる。そこで直角に折れ曲がったあとは讃岐山脈に沿って下り、一キロほどの河口をもつ大河となって、最後は紀伊水道へと注いでいる。

上流は四国の水瓶としての役割を果たし、中流では長男・次男をしのぐ豪快な流れが観光客やカヌーイストたちを魅了してきた。また、下流の川沿いには古くから街道（川北街道、伊予街道）が発達し、船運とあわせて四国の重要な交通ルートとなってきた。いわば四国の生活や文化とは切っても切り離せない大切な河川なのである。

四国の大河・吉野川と沈下橋

その吉野川が一時期マスコミを大いににぎわしたことがある。いわゆる「吉野川河口堰問題」である。

吉野川の下流部には、江戸時代に農業用水を確保するためにつくられた「第十堰」と呼ばれる堰がある。川底から土砂を積み上げてつくった簡単な堰だが、自然とマッチした絶妙なバランスを保ち、二五〇年間にわたって大切に守られてきた。その第十堰に代わって、一五〇年に一度の洪水に耐えるような近代的な可動堰（ダム）を、一〇〇〇億円以上の巨費を投じてつくろうというのである。

建設の是非をめぐる住民投票では、九〇パーセントと反対票が圧倒的多数を占めたものの、行政サイドは完全にあきらめたようではなさそうだ。これからまだ議論を積み重ねていくのだろうが、この問題がこれほどクローズアップされたのは、吉野川が地域の生活に密着してきた川だったからこそである。

鶏峠　徳島から国道一九二号線・国道三一八号線を高松方面へ約三〇キロ。
吉野川（第十堰）　徳島から国道一九二号線・県道一号線・県道一五号線を池田方面へ約一〇キロ。

107 四国四県に分水される吉野川の流れ

とうとうと流れる吉野川と「卯建《うだつ》の町並み」で知られた脇町（現・美馬市）や貞光《さだみつ》町（現・つるぎ市）を眼下に見ながら、大分水界は讃岐山脈の稜線を西へと進んでいく。県道七号線の相栗峠（五七〇メートル、日本百名峠）を越えると、旧池田町（現・三好市）の北にある猪ノ鼻峠（五六〇メートル）で高松と高知をつなぐJR土讃線と国道三二号線（阿波別街道）と交わる。

猪ノ鼻峠のふもとには吉野川の水をせき止めた池田ダムがあり、ここから香川県側、すなわち瀬戸内海にも水が送られている。つまり、ここも人工的な取水（香川用水）

によって大分水界がなくなってしまっているのだ。

じつはそんな堅いことをいいだせば、四国にはそもそも大分水界が存在しないことになってしまう。

太平洋の湿った空気が四国山地にぶつかるため、吉野川の上流域はとても雨が多く、年間の降雨量は三〇〇〇ミリを超えている。この豊富な雨を集める吉野川の水は、雨の少ない香川県や愛媛県の瀬戸内沿岸はもちろん、高知県の太平洋側でも羨望の的であった。そのために、吉野川の水に関しては古くから水争いが絶えなかった。

そんななかで、四国四県の大きな期待を背負ってつくられたのが、吉野川上流にある早明浦《さめうら》ダムである。水の配分をめぐっては紆余曲折があったらしいが、ともかくいまでは四国の水瓶として徳島・香川・愛媛・高知県で仲よく利用されている。まさにこの水は四国の生命線であり、早明浦ダムの貯水情報がライブカメラの映像とともにインターネットで流されているくらいだ。

このように吉野川の水は四国四県のあちこちに分水されており、水不足に悩まされてきた四国では大分水界という概念なんてぶっとんでしまっているのである。

猪ノ鼻峠　丸亀から国道三一九号線・三二号線を池田方面へ約三〇キロ。
池田ダム　四国中央市川之江から国道一九二号線を徳島方面へ約三〇キロ。

108　四国のアルプスは海岸線からそそり立つ

猪ノ鼻峠を越えた大分水界は、全国でも大変珍しい大分水嶺の真上にあるお寺、四国霊場六六番札所・雲辺寺（九二七メートル）を通って西へと進んでいく。ここは四国八十八カ所のなかでの最高峰にあたり、現代のお遍路さんたちは香川県側からロープウェイを使ってお参りすることになる。

さらにその先の境目峠（三八一メートル）で徳島と川之江を結ぶ国道一九二号線（伊予街道）を越えれば、吉野川の支流である銅山川に沿って法皇山脈への登りにかかる。境目峠は文字どおり徳島県と愛媛県の境にあり、大分水界はここで中央構造線をまたいでその南側を走るようになる。

中央構造線は中部地方から紀伊半島を縦断し、紀伊水道を越えて四国の北部を通り、さらに九州へとぬける日本最長の活断層である。衛星写真を見れば、まっすぐにのびる明瞭な一本の線にだれでも気がつくはずだ。あれが中央構造線である。そのなかで、紀伊半島から阿蘇山にいたる区間は、ほぼ中央構造線に沿って大分水界が走っている。

川之江の付近は中央構造線が瀬戸内海ぎりぎりに走っているため、大分水界もかなり海に接近している。法皇山脈の東端を貫く国道三一九号線の法皇トンネルから、稜線を走る法皇スカイラインにかけては、海岸線からわずかに三〜四キロくらいしか離れていない。大分水界はそこからひと息に高度を上げて、赤星山から西赤石山にかけての一五〇〇〜一七〇〇メートル級の山々の稜線をつたっていく。

法皇山脈といわれても、地元の登山者以外にはあまりなじみのない名前かもしれない。中央構造線のすぐ南に位置するこの山脈は、瀬戸内海から急角度で一七〇〇メートルまで一気にかけ上がっている。JR予讃線からは、屏風を連ねたような迫力ある姿が眺められるはずだ。法皇山脈から続く石鎚山脈も同じように海から目と鼻の距離にあり、まさに四国のアルプスは海岸線からそそり立っているといってよいだろう。

ところで四国というと、まわりを海に囲まれているせいか、漠然と〝海のイメージ〟を抱いている人が多いようだ。ところが地元の人ならよくわかるだろうが、四国には平地がほとんどなく、どこもかしこも山だらけである。

現に日本の都道府県のなかで総面積に対する森林の割合がいちばん高いのは、意外にも海のイメージが強い高知県なのである。山のイメージが強い岐阜県や長野県ですら二位・三位に甘んじているくらいだ。道路にしても、少し前までは国道といえども山中を走る細いぐねぐね道ばかりだった。四国は洋上に浮かぶ大きな山国なのである。

大分水界は、高山植物の宝庫である法皇山脈の主峰・東赤石山（一七〇六メートル）を通って、西赤石山（一六二六メートル）にかけての縦走路を進んでいく。そして、まわりに別子銅山の遺跡が点在する銅山越え（一二九四メートル）の最低鞍部をへてふたたび登りにかかり、山頂部の笹原が美しい笹ヶ峰（一八六〇メートル）から石鎚山脈へと入っていく。

境目峠　川之江から国道一九二号線を三好市池田方面へ約一五キロ。

東赤石山　石鎚山脈の東に連なる赤石山系の最高峰。JR予讃線伊予三島駅から瀬場までバスで約一時間三〇分。山頂まで徒歩約二時間三〇分。

森林率　森林率とは総面積に対する森林の割合を示したもので、高知県が八四パーセントで第一位。第二位が岐阜県の八二パーセント、第三位に七八パーセントの山梨県・長野県・島根県が並んでいる。

---

4 石鎚山から四国カルストをめぐり佐田岬へ
最後の清流をたどる歴史の峠道

109 多彩な顔をもつ西日本随一の大分水嶺・石鎚山

一九九九（平成十一）年に四国最長の国道一九四号線・新寒風山トンネル（長さ五四三二メートル）が完成し、西条から高知へぬけるルートが一時間も短縮された。このトンネルの真上を越えた大分水界は、石鎚国定公園へと入り、ほどなくなだらかな笹原が広がる瓶ヶ森（一八九六メートル）の頂に達する。

瓶ヶ森は吉野川の源流にあたり、山頂を走る瓶ヶ森林道には立派な吉野川源流の碑が立てられている。ただしこれはどちらかといえば車でくる人のためのもの。本当の源流は林道秋切線から吉野川に沿って三時間ほど登ったところにある。鬱蒼とした森のなかには、源流を表わす半球形のモニュメントが静かにたたずんでいる。

瓶ヶ森から氷見千石原と呼ばれるひろびろとした笹原のわきをかすめ、大分水界は稜線を走る瓶ヶ森林道とからみあいながら進む。さらに、石鎚スカイラインの終点である土小屋をへて、ほぼ登山道に沿いながら西日本第一の高峰である石鎚山（一九八二メートル、日本百名山）に到着する。

温暖な瀬戸内海を眼下にしてそびえる石鎚山。しかし、冬には日本海からの季節風の影響を受けて雪が降り、一年を通じて気候の変化が激しい山である。そのため、山麓の温帯性林から山頂付近の亜寒帯林まで、バラエティに富んだ森の様子が楽しめる。古くから信仰登山の山として親しまれ、西之川からの登山道の途中にある三つの鎖場は修行の場所でもある。

北面が鋭く切り立ったアルペンムードあふれる山頂からは、瀬戸内海や四国の山々が一望に見わたせる。晴れた日には九州の大分水嶺である九重連峰、室戸岬の向こうに広がる太平洋までも望める。登山のあらゆる楽しみがコンパクトにつめこまれた石鎚山は、中国四国地方で随一の大分水嶺といってもよいだろう。

瓶ヶ森　JR予讃線伊予西条駅から西之川までバスで約一時間。山頂まで徒歩約四時間。または瓶ヶ森林道から徒歩約一時間。
石鎚山　JR予讃線伊予西条駅から山頂成就駅までバスとロープウェイで約一時間三〇分。山頂まで徒歩約三時間。または石鎚スカイラインの終点の土小屋から徒歩約二時間三〇分。

瓶ヶ森から見た石鎚山

石鎚山弥山山頂から見た天狗岳の切り立った大分水嶺

110 勤王の志士が駆けぬけた歴史の峠道

石鎚山からは面河《おもご》の森を南に見ながら、大分水界は石鎚山脈の稜線に沿って少しずつ下降しはじめ、ほどなく高知と松山を結ぶ松山街道（土佐街道）の難所・三坂《みさか》峠（七〇六メートル、日本百名峠）で国道三三号線を越える。

高知方面から三坂峠を登りつめると、松山平野の向こうに瀬戸内海に浮かぶ防予《ほうよ》諸島の島影が突然に現われ、思わず息を飲まされる。ここも、いかにも大分水嶺らしい劇的な景観の変化が味わえるスポットだ。ただ、交通量が多いうえにドライブインまでできてしまい、街道時代の風情がなくなってしまっているのが残念でならない。

三坂峠では、四国のスタート地点である鳴門からずっと寄り添ってきた中央構造線に別れを告げ、ここからは、肘川の流域をぐるっと迂回するようにして、大分水界は南をめざすようになる。

まず、太平洋に注ぐ仁淀川の源・久万《くま》高原を西に見ながら真弓トンネル（六六〇メートル）で国道三八〇号線を渡る。そして、日本三大カルストのひとつ「四国カルスト高原」の西端に位置する大野ヶ原を越えて、四万十川の源流部を進むようになる。

大野ヶ原にほど近い韮ヶ峠（九五〇メートル）は、日本の歴史の隠れた立役者というべき大変重要な峠だ。幕末時代に坂本龍馬をはじめとする土佐の志士たちが、藩をぬけてこの峠を越え、新しい日本の建設に奔走したからである。

檮原《ゆすはら》町から韮ヶ峠までの四万十川の支流に沿った旧街道は、「坂本龍馬脱藩の道」と名づけられ、「歴史の道百選」に指定されている。檮原の町には、新しい日本の姿を見ることなく命を散らしてしまった八人の志士たちの勇ましい銅像が立てられている。

血気盛んな彼らにすれば、大分水嶺越えの険しい山道も、まったく苦にもならなかったのかもしれない。

三坂峠　松山から国道三三号線を高知方面へ約二五キロ。
韮ヶ峠　宇和島から国道三二〇号線・国道一九七号線・県道三六号線を檮原方面へ約五〇キロ。

111　清流四万十川の源流は海際にもあった

韮ヶ峠からは、東津野城川林道に沿って、大分水界はさらに南へと進んでいく。この林道は、いくえにも重なる四万十川源流の山並みを眺めながら走る爽快な尾根道であり、四国の分水嶺スカイラインのなかでもA級のツーリングコースである。

さて四万十川といえば、だれしも思い出すのが〝最後の清流〟という言葉ではないだろうか。

日本の川の原風景をとどめ、川魚の宝庫として知られる全長一九六キロの四万十川は、上流では三つの河川に分かれている。そのうちのひとつ檮原川が、天狗高原付近の四国カルスト台地を水源としている。本流とされているのはカルスト台地の東端から流れこむ仁井田川のほうで、その源はツキノワグマが出るくらい山深い不入山《いらずやま》(一三三六メートル)の一一九〇メートル地点にある。

四万十川でおもしろいのは、仁井田川の支流のひとつが土佐湾からわずか二キロくらいのところに源を発していることだ。

そんなに太平洋に近いところにあるのに、なぜかどんどん内陸部のほうに向かって流れていく。まったく反対にある宇和海のほうが近くなったところで、やっと土佐湾をめざすようになる。さらに三つめの支流である吉野川の源流のひとつも、宇和海からたった三キロの距離にありながら、わざわざ内陸部を横断して反対側の土佐湾をめざして流れている。

こんなにも奇妙な流れ方をするのは、四万十川流域の地形変化が原因となっている。もともと四万十川は平野の上をゆったりと蛇行していた。それが、土地の隆起により山地を流れるようになった。にもかかわらず、がんばって谷を削りこみ、もとのルートを流れようとしているのが現在の四万十川である。ゆうゆうと山あいを流れる四万十川の貫禄ある姿は、平野部を流れていた時代の名残なのである。

四万十川といえば、前に述べた〝ダムのない川〟の話をしないわけにはいかない。四万十川は正しくは〝本流の中流から下流にかけてダムのない川〟であり、支流や上流には取水堰やダムがいくつかある。

いちばん大きいのが、支流のひとつ檮原川にある高さ四六メートルの津賀ダムである。発電用に水をとられるため、ダムの直下ではほとんど水がなくなり、カヌーでさえ通れなくなってしまっているほどだ。

次に大きいのが、本流である仁井田川を約一〇〇キロほど遡ったところにある家地川堰（佐賀取水堰）である（高さが低いので法律上はダムといわないらしい）。こちらは〝ダムがある〟どころか、〝日本最悪のダム〟と呼ぶ人もいるくらいだ。なぜなら、発電のためにダムで取水された水が四万十川に戻されず、トンネルを通って太平洋に注ぐまったく別の川に捨てられているからである。

ダムを撤去して最後の清流を本当の清流として復活させられる日はいつになるのだろうか。

四万十川源流点　高知から国道三三号線・国道四三九号線を中村方面へ約七〇キロ。矢筈トンネル手前から林道中村線に入り、終点からさらに徒歩約一時間三〇分。
津賀ダム　中村から国道四三九号線を檮原方面へ約五〇キロ。
家地川堰　中村から国道四三九号線・国道三八一号線を窪川方面へ約五〇キロ。

112　大分水嶺を登り下りする宇和海展望列車

四万十川の流域をなぞる大分水界は、やはり土佐藩士が脱藩に使った九十九曲《つづらまがり》峠（八三〇メートル）を越えると、西に向きを変える。そして、国道四四一号線の土屋トンネル（四七〇メートル）を過ぎれば、伊予と讃岐を結ぶJR予讃線と複雑にからみあいながら、今度は北をめざすようになる。

宇和島から伊予大洲までのJR予讃線の旅は、大分水嶺を登ったり下りたりの連続で、乗っていてとても楽しい。

太平洋側の宇和島を出発するとまもなく、法華津トンネル（四二〇メートル）で大分水界を越えて瀬戸内海側に出る。お茶とみかんの産地をつっきってさらに進むと、笠置トンネル（三八〇メートル）でもとの太平洋側に戻る。そして、夜昼トンネル

佐田岬で早吸瀬戸（豊予海峡）に沈む大分水嶺。海峡の彼方に九州・地蔵関

（三二〇メートル）でもう一度大分水界と交わり、ふたたび瀬戸内海側に出る。特急で四〇分ばかりの距離なのに、合計三回も大分水嶺を越えることになる。

このあたりでは、いちばん近いところで宇和海までの距離は二キロを切っており、海はもう目の前だ。車窓からは、青々とした宇和海の広がりと緑あふれる段々畑のコントラストが楽しめ、短時間で密度の濃い大分水嶺越えが味わえる。四国の大分水嶺横断鉄道のなかでも、特におすすめしたい展望ルートである。

ＪＲ予讃線と分かれた大分水界は、日本最長の岬である佐田岬半島の突端をめざして伊予灘と宇和海の間を走るようになる。原発で有名となった伊方町を過ぎれば、「佐田岬メロディライン」の愛称をもつ国道一九七号線に沿って西へと進んでいく。北に瀬戸内海、南に宇和海を見ながら細長い半島を快適に走り続け、やがて白亜の佐田岬灯台に達する。

四国の大分水界はここで終点をむかえ、さらに豊予海峡をへだてた佐賀関町の地蔵(関)崎へと続いている。

九十九曲峠　宇和島から国道三二〇号線・国道一九七号線を檮原方面へ約四〇キロ。

JR予讃線　JR予讃線松山駅または宇和島駅から特急宇和海を利用。

佐田岬　宇和島から国道五六号線・県道二五号線・国道一九七号線を伊方町三崎方面へ約一〇〇キロ。

第七章　九州編

九州の大分水界には日本のルーツがある

日本海
響灘
下関
門司
福岡県
玄海灘
周防灘
瀬戸内海
平尾台
宝満山
829
仲哀峠
三瀬峠
福岡
冷水峠
鷹ノ巣山
佐賀県
雷山
955
二日市
大分県
耶馬渓
平戸
天山
1046
脊振山
岳滅鬼峠
由布岳
1584
佐賀関
関崎
1055
英彦山
1200
大分
栗ノ木峠
水分峠
笹原峠
佐賀
男池湧水群
神六山
447
戸坂峠
有明海
白水鉱泉
大船山
1786
根子岳東峰
1408
中ノ谷峠
長崎県
阿蘇山（高岳）
1592
久住山
1787
三国峠
白川
熊本
傾山
1602
長崎
祖母山
1756
高森峠
国見岳
1739
向坂山
1684
宮崎県
五家荘
椎葉
熊本県
天草諸島
湯山峠
市房山
1721
太平洋
白髪岳
1417
横谷トンネル
韓国岳
1700
新燃岳
1421
宮崎
鹿児島県
高千穂峰
1573
鹿児島
桜島
牧ノ原
高峠
大箆柄岳
1237
錦江湾
鹿屋
薩摩半島
佐多岬

1

門司から水分峠へ、英彦山から平戸へ
信仰の山をつたう九州北部の大分水界

113 日本でただひとつの大分水嶺横断モノレール？

『日本国勢地図』によれば、九州には三本の大分水界があることになっている。

一本目は北九州から鹿児島県の佐多岬にいたる九州の脊梁を南北に走るラインだ。日本海・東シナ海と瀬戸内・太平洋との分水界（中央分水界）であり、本州の大分水界からつながる、いわば本線にあたるラインである。

二本目は英彦山付近で本線から分岐して長崎県へと向かうラインだ。こちらは玄海灘と有明海・天草灘の分水界となっている。そして三本目が、阿蘇外輪山から分岐して佐賀関へとのびるラインで、四国の大分水界の延長線というべき、瀬戸内と太平洋の分水界である。

いずれの大分水界も、気候や文化の境目としての役割が本州ほどにははっきりして

いない。そのためか、〝峠を越えると風土が一変する〟といった大分水嶺らしい醍醐味は、残念ながらあまり味わえない。一部をのぞいてほとんど県境と一致していないのも九州の特徴だ。

そのかわりに、九州らしいスケールの大きい景観や、歴史にゆかりの深いスポットがあちこちに散らばっており、ていねいに追っていけば見所がたくさんある。大分水嶺六〇〇〇キロの最終章にふさわしい、バラエティに富んだ九州の大分水界を紹介していこう。本線に沿って北から南へと大分水界を追いながら、そのつど二本の支線について触れていきたい。

さてその本線だが、のっけから〝どこをスタート地点にするか〟という大きな問題にぶちあたってしまう。『日本国勢地図』では、玄海灘に注ぐ遠賀《おんが》川の右岸にある水巻町付近がはじまりとなっている。ここは別に二つの海を分けているポイントでもなく、どうしてこんな中途半端なところがスタート地点となっているのか理解に苦しむ。これではあまりにも不自然な感じがするので、本書では本州の大分水界からのつながりを考えて、門司を九州のスタート地点としておく。

というわけで、壇ノ浦を渡った大分水界は、懐かしくて新しいレトロな街として生まれ変わった門司港の裏山に駆け上がる。そこから北九州と大分を結ぶ九州の大動脈であるJR日豊本線と国道一〇号線を越え、小倉市郊外の住宅地のなかを進んでいく。そして、JR日田英彦山線と二回交わったあとで、九州自動車道を越えて平尾台カルストに出る。

JR日田英彦山線の志井公園駅には、小倉と住宅街をつなぐ北九州高速鉄道（都市モノレール）が接続している。地形図をよく見ると、ちょうどモノレールが接続しているあたりを大分水界が通っている。考えようによっては、北九州高速鉄道は全国でただひとつの「大分水嶺横断モノレール」といえないこともない。そういわれても、こんな海に近いところでは、まったく実感がわかないだろうが……。

北九州国定公園の一部をなす平尾台カルストは、秋吉台、四国カルストと並ぶ日本三大カルストのひとつである。大分水界には伊吹山をはじめ石灰岩の山が数多くあり、なぜか三つのカルストもみな大分水界のすぐそばにある。

カレンフェルト（羊群原）と呼ばれる、まるで羊の群れのような無数の石灰岩が高原に散在するなかを大分水界は南へ進んでいく。しかし、ここでも正確には大分水界の位置がわからないのは、秋吉台と同じ。ひょっとすると、いくつかある鍾乳洞のなかに大分水界があるのかもしれない。

—門司港　小倉から国道三号線を下関方面へ約一〇キロ。—

北九州高速鉄道　ＪＲ鹿児島本線小倉駅または日田彦山線志井駅で乗り換え。
平尾台　小倉から国道三二二号線・県道二八号線を行橋方面へ約二〇キロ。

114　大分水界の交差点となった修験道の山

平尾台カルストをぬけると、ようやく『日本国勢地図』に記載された大分水界と合流する。一八九〇（明治二十三）年に開通した赤レンガの旧トンネルが残る国道二〇一号線（篠栗街道）の仲哀峠《ちゅうあい》（三三四メートル、日本百名峠）を過ぎ、第三セクターの平成筑豊鉄道を越える。筑豊独特のボタ山地帯を見ながら進むと、しばらくは耶馬日田英彦山国定公園のなかを走るようになる。

英彦山神社上宮が祀られている英彦山（一二〇〇メートル）は、出羽三山、大峰山と並ぶ日本三大修験道場のひとつである。聖域として大切に自然が保護されてきたおかげで、山頂付近に美しいブナの天然林が残っている。英彦山は九州の大分水界の分岐点であり、佐賀県を縦断して長崎に向かう支線がここから分かれていく。

近くにはテーブルマウンテンの特異な山容をもつ鷹ノ巣山（九七九メートル）がある。このあたりには、メサと呼ばれる台地状の山や、それが浸食されて円錐状になったビュートが多く、天然記念物に指定されている。国道五〇〇号線から見上げる鷹ノ巣山の姿は、スケールは随分ちがうが、アメリカ西部の山を彷彿とさせている。

大分水界は、奥耶馬渓、裏耶馬渓、深耶馬渓と次々に現われる名勝を遠巻きにするようにして玖珠町を縦断し、どんどん東へ向かっていく。そして、別府湾まであと二〇キロくらいのところまで接近したところで、ようやく南へ向きを変える。その屈

英彦山神社上宮が祀られた英彦山山頂

曲点にある水分峠（七〇七メートル）は、その名のとおり瀬戸内海と東シナ海を分ける大分水界である。

古くは幕府の代官所がおかれ、幕府の九州支配の中心地であった日田へ続く街道の一本がこのあたりを通っていた。日田からは合わせて五本の街道（日田往還）が九州各地に向けて放射状にのび、武士のみならず商人から文人墨客まで数多くの人でにぎわったそうだ。

現在では水分峠は、JR九州自慢の特急列車「ゆふいんの森号」が走るJR久大線と、大分自動車道や国道二一〇号線が通る交通の要衝である。加えて、九州大分水嶺の核心部を走るやまなみハイウェイの入り口ともなっている。

英彦山　JR日田彦山線彦山駅から別所までバスで約三〇分。山頂まで徒歩約一時間三〇分。
水分峠　大分から国道二一〇号線を日田方面へ約五〇キロ。

115　谷中分水界に築かれた日本の防衛ライン

ここから大分水界は、阿蘇くじゅう国立公園を縦断する九州大分水嶺のハイライトに入っていくのだが、その前に英彦山から分岐する支線のほうを先に紹介しておこう。

この支線は、読み方も難しければ峠へいたる道も険しい岳滅鬼《がくめき》峠（九五〇メートル、日本百名峠）のあたりから分岐していく。

岳滅鬼峠から釈迦岳トンネルでJR日田彦山線を越え、さらに北西へとのびる稜線に沿っていく。次々に南北に走る国道と交差しながら進むと、JR筑豊本線と国道二〇〇号線が通る冷水峠（二八〇メートル、日本百名峠）へと到着する。

かつて冷水峠には、長崎と小倉を最短距離で結ぶ長崎街道が走っていた。当時長崎はただひとつ世界に開かれた窓口であり、長崎街道は政治・経済・文化の連絡路として九州では最も栄えた道だった。ところがそういうメインルートは、必ずトラックがビュンビュン通る幹線国道になってしまい、石畳が残る旧峠に行かないと昔の風情が味わえない。幹線沿いの峠は、全国どこにいっても事情はまったく同じだ。

その先にある大分水嶺が、太宰府天満宮の背後にそびえる宝満山《ほうまん》（八二九メートル）である。「大都市に近い」「標高が手ごろ」「展望がよい」という条件がピッタリそろい、〝九州で最も登山者の多い山〟となっている。

かつてはここも修験の山であり、大切に守られてきた自然林が美しい。聞くところによると、英彦山から宝満山までの間は、往復一三〇キロにもおよぶ英彦山修験道の修行コースとなっているらしい。強靭な体力と精神力があれば歩き通せるはずなのだが、いかんせん我々のような俗世間の人間にはルートがよくわからない。ひょっとすると大分水界を忠実にトレースしていくコースなのかもしれない。

宝満山からは太宰府天満宮のすぐそばをかすめ、二日市のあたりでＪＲ鹿児島本線、西鉄大牟田線、九州自動車道、国道三号線という南北交通の大動脈を越える。前に述べたように、西鉄大牟田線は関西地方以外で大分水界を横断するただひとつの私鉄だ。

地図を見てもわかるように、北九州でここだけは山並みがとぎれ、自然がつくった回廊のような地形となっている。いわゆる「二日市地峡」と呼ばれる谷間であり、玄海灘と有明海を分かつほとんど平らな谷中分水界となっている。九州地方を治め、外国からの侵略に備える太宰府がこの地におかれたのは、このように地形上とても重要なポイントだったからである。

いまから一三〇〇年前には、谷間いっぱいに幅六〇メートル深さ四メートルの堀と、幅八〇メートル高さ一四メートルの土塁が築かれていた。玄海灘からくるであろう唐や新羅の軍勢を、ここで完全にシャットアウトしようとしたのである。

だれが考えだしたか知らないが、谷中分水界を砦にしようとは、なかなか大胆で優れたアイディアだ。いまでもこの水城跡が一筋の緑の帯となって残り、太宰府市と大野城市の境に横たわっている。

岳滅鬼峠　飯塚から国道二〇一号線・国道五〇〇号線・大南林道を日田方面へ約四〇キロ。峠まで徒歩約一五分。
冷水峠　博多から国道三号線・国道二〇〇号線を飯塚方面へ約三〇キロ。
宝満山　西鉄太宰府線太宰府駅から山頂まで徒歩約二時間。

116　本州とよく似た筑紫平野の脊梁山脈

二日市地峡を横断した大分水界は、ふたたび高度を上げて佐賀県北部にそびえる脊《せ》振《ふり》山地へと入っていく。

東西約五〇キロにわたって横たわる脊振山地は、標高こそ一〇〇〇メートル程度と低いものの、本州の大分水嶺によく似た性格をもっている。

冬の晴れた日に佐賀平野から国道二六三号線を福岡方面に向かって走ると、三瀬峠（五八五メートル、日本百名峠）のあたりで雲が空をおおうようなことがある。「国境の長いトンネルを……」とまではいかないが、日本海型的な気候への境目としての役割を脊振山地が果たしているからだ。

冬場に玄界灘からの季節風が吹きつける脊振山地は意外に雪が多く、標高の高い雷山（九五五メートル）や天山（一〇四六メートル）には、九州北部では数少ないスキー場がある。おまけに、大分水界が県境と一致している点も本州とよく似ており、低い山とはいえ生活圏を分断してきたことを物語っている。さらに脊振山（一〇五五メートル）をはじめ修験道の山がいくつかあり、信仰の山という九州北部の大分水嶺の特徴をも兼ね備えている。

脊振山地の脊梁部を縦断した大分水界は、笹原峠（八四メートル）でJR唐津線と国道二〇三号線を、戸坂峠（九五メートル）で国道四九八号線を越え、さらにJR佐世保線と国道三五号線と交わる。このあたりの峠は標高一〇〇メートルを切り、大分水界としては非常に低い。

さて、ここからが問題だ。『日本国勢地図』に書かれた大分水界は、永尾から少し南へ行ったところでこつぜんと消えてしまうのである。これでは、最後にどこをめざしているのかわからない。

すでにかなり海に近づいており、分水界の意味なんてほとんどないのはわかっているが、やはり終点を決めないとおさまりが悪い。分水嶺サミットの資料では平戸、環境庁の『日本の河川環境Ⅱ』では諫早がゴールとなっている。あるいは、海上保安庁の海域区分にしたがって、長崎半島の野母崎を終点とする案も考えられる。

素人目に素直なのは、対馬海峡を日本海と東シナ海との境目とみなし、平戸をゴールとする案ではないだろうか。津軽海峡のときのように海底地形のつながりを考えても、平戸を終点とするのがいちばん無難なような気がする。

そうすると大分水界は、神六山（四四七メートル）から佐賀・長崎県境に重なるようになり、もう一度JR佐世保線と国道三五号線を越えていく。さらに、湧き水で有名な栗ノ木峠（六三四メートル）で国道四九八号線を渡ってから県境をはずれ、異国情緒あふれる街・平戸へ通じる平戸大橋をめざしていくことになる。

脊振山　西鉄福岡駅から椎原までバスで約一時間。山頂まで徒歩約三時間。
三瀬峠　博多から国道二六三号線を佐賀方面へ約三〇キロ。
栗ノ木峠　伊万里から国道四九八号線を佐世保方面へ約一〇キロ。

2 名水の里をつなぐ九州随一のスカイライン

九重から阿蘇外輪山をめぐり高森峠へ

117 ポリタンクを片手に九州の名水めぐり

英彦山から西へのびる支線の最後を見届けたところで、やまなみハイウェイの起点である水分峠に話を戻そう。

九重連峰から阿蘇にかけて広がる高原地帯を縦断するやまなみハイウェイ（県道一一号線別府一ノ宮線、全長五二・四キロ）は、九州を代表する分水嶺スカイラインである。全線を通じて大分水界のすぐそばを走っており、九州の中央に横たわる分水嶺の展望がすばらしい。西側は有明海に注ぐ筑後川の、東側は別府湾に注ぐ大分川と大野川の源流域となっている。

九州随一の河川である筑後川は、大河三兄弟の次男坊として「筑紫次郎」の名で親しまれてきた。ところが、筑後川の流域面積は三男である吉野川よりも小さく、全国

久住高原の草原の向こうに大分水嶺・久住山の山並みが連なる

的にはたったの二一位。大河というには少し貫禄不足だ。
　ただ筑後川流域には、吉野ヶ里遺跡をはじめ邪馬台国があったとされる場所があちこちにある。ご存じのように邪馬台国の場所としては、畿内説と九州説の二つがあるが、後者では筑後平野一帯であることではほぼ一致している。そうだとしたら、筑後川は日本という国を生みだした川ということになり、血統の正しさという点では三兄弟のなかでぬきんでている。九州の川はなかなかあなどれない。
　阿蘇くじゅう国立公園に属する高原地帯は、豊富な水を生みだす里でもあり、大分水界のまわりには湧き水の名所が集中している。清らかな湧水は分水嶺が我々に与えてくれた貴重な贈り物であり、名水めぐりは分水嶺の旅の大きな楽しみのひとつである。ここからは〝九州名水めぐりの旅〟と称して、水にちなんだ話題を中心にすえながら、大分水界を紹介していこう。

最初のスポットは、九重山系・黒岳（一五八七メートル）の原生林の木立のなかにある名水百選「男池湧水群」だ。やまなみハイウェイから近いこともあって、ちょっとした観光地となっており、用意のいいことに近くの売店ではポリタンクまで売っている。神秘的な青い水をたたえた男池からは日に二万トンもの水が湧き出し、少々の人がポリタンクいっぱいにつめこんでもびくともしない。

こんな池につきものなのが龍神伝説だ。不思議なことに、男池には福井・岐阜県境の夜叉ヶ池とまったく同じストーリーの伝説が残されている。

日照りに苦しむ長者が水と交換に娘を差しあげることを願い出る。すると、男池から水が噴き出て、約束どおり大蛇が娘をもらいに現われる。身を差し出したのが長女ではないところまで、夜叉ヶ池の話とよく似ている。なのに結末だけがちがっていて、娘は持っていた観音像のパワーを使って大蛇をもとの姿（かつての使用人だった）に変え、ことなきをえている。

夜叉姫伝説がこの地に伝わったとも考えられるし、こんこんと湧き出る泉を前にして昔の人が考えることは案外ワンパターンだったのかもしれない、ともいえる。男池の伝説がハッピーエンドで終わっているのは、なんとなく九州的でうなずけるものがある。

男池湧水群　別府から県道一一号線・やまなみハイウェイ・県道六二一号線を阿蘇方面へ約六〇キロ。

118　清涼飲料水になった大分水嶺からの清水

山が黒く見えるほど鬱蒼とした樹林でおおわれている黒岳の山麓には、もうひとつ「白水鉱泉」と呼ばれる名水がある。こちらは炭酸を多く含んでいることから「ラムネ水」とも呼ばれ、砂糖を持っていくとなんとその場で即席のサイダーができてしまう。

これらの名水スポットを眼下に、大分水界は九重山系のトロイデ火山群のなかに分け入り、愛らしいピンク色をしたミヤマキリシマの大群落がおおいつくす花の百名山・大船山《だいせん》（一七八六メートル）へと登っていく。山頂からは九重山系はもちろん、阿蘇、祖母山など九州の名峰が美しく、眼下に広がる坊がツルの盆地には、登山基地としても知られた法華院温泉が豆粒のように見える。

大船山からは、大分水界はいったん最低鞍部である鉾立峠《ほこたて》（一三七〇メートル、日本百名峠）まで下っていく。

鉾立峠から久住高原への登山道を少し下りたところに、「佐渡窪《さどくぼ》」と呼ばれる周囲約二キロ、深さ五〇メートルほどの窪地がある。地元の人の話によると、ここは雨が降るとたちまち池のようになるそうだ。ところが流れ出る川がなく、たまった水はすべて地中に染みこんでしまうらしい。ひょっとするとこのあたりでは、地表と地中の分水界がくいちがっているのかもしれない。

鉾立峠を過ぎると、大分水界は九重山系の主峰である久住山（一七八七メートル、日本百名山）へと登り返していく。九重連峰の最高峰はすぐ隣にある中岳（一七九一メートル）なのだが、貫禄や品格の点では久住山が上である。大分水嶺である久住山を九重連峰の主峰とすることに、異論のある人はいないだろう。

久住山頂から西にのびる尾根に沿って進むと、熊本県との県境にある瀬ノ本高原でふたたび、やまなみハイウェイと合流する。そこから、火の国・九州のシンボルである阿蘇山をめざして、高原地帯を南へ進むようになる。

瀬ノ本高原から約六キロの区間は、やまなみハイウェイが走るゆるやかな尾根が大

仙酔峡道路から見た根子岳。大分水嶺は左の東峰を通る

分水嶺そのものとなっている。雄大な景観のなかを緑の風を受けながら走るドライブの爽快さは、数ある大分水嶺スカイラインのなかでも屈指のものである。

やまなみハイウェイのすぐ西側には、別府湾に注ぐ大野川の源流のひとつである「池山水源」がある。こちらも名水百選に指定されており、古い杉林に囲まれた水源からは、男池湧水群の二倍にもあたる日量四万トンの水が湧き出ている。

ミネラルを多く含むこの水は、ミネラルウォーターとして売られているだけではなく、某メーカーの清涼飲料水「高原の岩清水&レモン」の原水の一つとして用いられている。この名前を聞いて、「なんだあれか」という人も多いのではないだろうか。また、大野川にはもうひとつの名水百選である「竹田湧水群」があり、こちらはウィスキーの原水になっている。分水嶺からの清水は、知らず知らずのうちに我々の体をうるおしてくれているようだ。

やまなみハイウェイを走る大分水界は、やがて周囲一二八キロの阿蘇カルデラにぶつかり、外輪山に沿ってさらに南へと進んでいく。

阿蘇外輪山への標高差三〇〇メートルを一気に登る国道五七号線の滝室坂（七八三メートル）は、かつては熊本と大分を結ぶ豊後街道の最大の難所として知られていた。旧街道には石畳の道が復元され、先人たちの苦労に想いをめぐらせながら峠越えができる。

大分水界は、滝室坂の頂上のあたりでJR豊肥本線の最大難所である坂ノ上トンネルを越え、阿蘇外輪山を走る国道二六五号線の箱石峠（八七〇メートル）にいたる。そのあと、ひとまず阿蘇五岳のひとつである根子岳（東峰、一四〇八メートル）に登って、すぐに外輪山へと下りていく。そして、ほぼ阿蘇くじゅう国立公園の境界に沿って高森峠へと進んでいくのである。

久住山　JR日豊本線別府駅から牧ノ戸峠までバスで約一時間三〇分。山頂まで徒歩約二時間。

池山水源　熊本から国道五七号線・やまなみハイウェイ・県道四〇号線を別府方面へ約七〇キロ。
阿蘇山　最高峰の高岳（一五九二メートル）へはＪＲ豊肥線宮地駅からタクシー約一五分で仙酔峡。そこから徒歩約二時間で高岳最高点。ロープウェイを使って中岳経由のルート（火口東駅から徒歩約二時間）もある。

119　大分水嶺から湧き出す水が鉄道建設をはばんだ

高森峠（八八二メートル、日本百名峠）は桜の名所として知られ、ヘアピンカーブが連続する九十九曲がりの坂道には、六〇〇〇本もの立派な桜並木が続いている。峠からは最高峰の中岳を中心とする阿蘇五岳の雄大な姿が望め、阿蘇の格好の展望台となっている。ここは熊本と延岡を結ぶ交通の要所であり、阿蘇と高千穂をつなぐ観光ルートとなっている。

ところで、阿蘇外輪山に位置する高森峠には、熊本と延岡を結ぶ九州横断鉄道が走るはずだったのをご存じだろうか。それがかなわぬ夢となってしまった理由が、いかにも阿蘇の大分水嶺らしくて興味をひかれる。

熊本と延岡を結ぶ鉄道計画は明治のころに持ち上がり、まず熊本〜高森間の国鉄高森線（現在の南阿蘇鉄道）、続いて延岡～高千穂間の国鉄高千穂線（現在の高千穂鉄道）が開通した。一九七三（昭和四十八）年には、全線開通に向けて両線を結びつける高森トンネル（長さ六・五キロ）の工事が着工された。

ところがトンネルを二キロほど掘ったところで地下水脈にぶちあたり、毎分三六トンものとてつもない量の水がトンネル内にあふれ出るようになってしまった。おまけにこのために高森町の水源が涸れてしまい、町の水道が断水する騒ぎになる始末。ひとまず工事を中断して出水対策をとっているうちに高森線が廃止対象路線にされ、あえなく幻の大分水嶺横断トンネルとなってしまった。国鉄の赤字は、分水嶺のいたるところに夢の跡を残してしまったようである。

現在ではこのトンネルは「高森湧水トンネル公園」として整備され、列車が走るはずだったトンネル内を一キロほど歩いて水源までたどれるようになっている。大分水嶺の地下にもぐりこみ、そこから湧き出る清水の味を実感できる大変ユニークなスポットである。また、トンネルの上には「湧水館」と名づけられた、水源に関するちょっと変わった資料館があり、水と環境についてのお勉強ができる。どちらもいまのところ無料で開放されており、阿蘇観光の新しいスポットとして注目を集めつつある。

――高森湧水トンネル公園　熊本から国道五七号線・国道三二五号線を延岡方面へ約五〇キロ。――

120 名水でつくられた香り高き地ビール

高森湧水をとりあげたなら、そのすぐ隣にある旧白水村（現・南阿蘇村）の「白川水源」について話をしないわけにはいかない。

どちらも熊本市の中心を流れる白川の水源なのだが、白水村のほうは名水百選に指定され、年間五〇〇万人以上の観光客が訪れる一大観光地となっている。そのため近くを走る南阿蘇鉄道の駅には「南阿蘇水の生まれる里白水高原」という日本一長い駅名までつけられ、名物であるトロッコ列車「ゆうすげ号」の人気も高い。

冷たく透き通った白川水源は、毎分六〇トンと高森湧水トンネルの約二倍の湧水量をほこり、ミネラルウォーター（はくすい、阿蘇白川水源）として売られているのはもちろん、日本酒（れいざん）、焼酎（白水、刈干）、はては九州名物・辛子明太子（かねふく）の調味液としても使われている。

さらに、フルーティでコクのある「銀河高原ビール」の阿蘇白水工場でも、かつてはここの水を原料としていた。

銀河高原ビールでは、最盛期には岩手沢内、那須高原、飛騨高山、阿蘇白水と四つの醸造所とレストランを持ち、いずれも大分水嶺からほとばしる伏流水を使って、あ

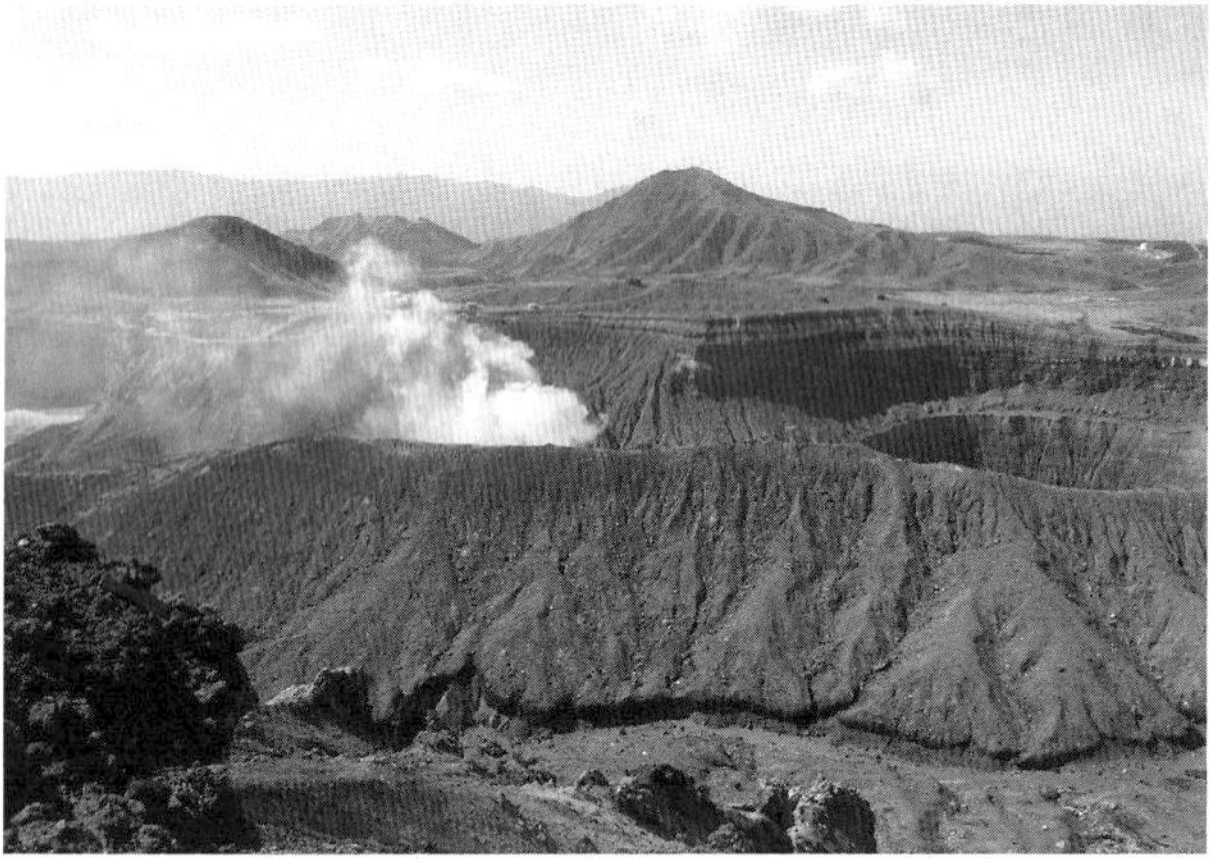

噴煙を上げる阿蘇山中岳火口

のドイツ風の味わいをつくりだしていた。大分水嶺を歩きまわったあとにレストランに飛び込めば、快い疲れの中、分水嶺の清水が体中に染みわたり、〝のんべえ〟分水嶺ハンターにとってはまさに至福の時であった。

残念ながら経営不振から、今は岩手の一カ所になってしまい、ここ白川水源を使ったビールも楽しめなくなってしまった。別にメーカーの宣伝をするわけではないが、ぜひ復活を遂げて、大分水嶺の恵みを〝舌〟で味わえるようにしてほしい。

白川水源　熊本から国道五七号線・国道三二五号線を延岡方面へ約四五キロ。または南阿蘇鉄道の阿蘇白川駅下車。

3 阿蘇外輪山から佐賀関と九州中央山地へ

九州中央山地は落人たちの安住の地

121　大分水嶺のふもとにあるトトロの里

阿蘇をあとに大分水界は九州中央山地へと入っていくのだが、その前に高森町から豊後水道へと向かう支線のほうを先にすませてから、もう一度本線に戻ることにしよう。

高森町は本線と支線の二本の大分水界が町内を走る、全国でも珍しい町である。地形図を見ると、二つの大分水界の分岐点は、グリーンが分水嶺になっている阿蘇高森ゴルフクラブのそばにある国道二六五号線の大戸ノ口（八八〇メートル）のあたりにあるようだ。

ここから大分水界は東へと向かい、祖母傾国定公園の中心をなす祖母山（一七五六メートル、日本百名山）をめざしていく。祖母山は、天に向かって突き出した三角錐の山頂から、九州の山々はもとより遠く四国の山並みまで楽しめる、九州で有数の名山である。

残念ながら大分水界は山頂には達しておらず、すぐ南にある障子岳（一七〇九メートル）まで近づくものの、尾平越《おびらごし》（一一六〇メートル）をへて傾山（一六〇二メートル）までの全長約一八キロの縦走路をたどっていく。そのあとは大分・宮崎県境から離れて、国道三二六号線の三国峠へと進んでいく。

このあたり、大分水嶺の北には大野川水系の三つめの名水百選である白山川（中津無礼川と奥畑川）の清き流れがあり、ムカシトンボやゲンジボタルの生息地ともなっている。かたやすぐ南にある佐伯市宇目町には、知る人ぞ知る「トトロのバス停」がある。

断っておくが、ここは観光用に作られた〝やらせ〟のスポットではない。もともと轟という地名がなまってトトロになり、しかもその情景が宮崎駿のアニメ『となりのトトロ』を彷彿とさせることから注目されるようになった。

トトロのファン以外が見たらただの田舎のバス停かもしれないが、そこにほのぼのとした旅情を感じるのは分水嶺めぐりと同じイマジネーションの世界。家族連れで分水嶺ハンティングをされる方（そんな人はいないか？）は息抜きにどうぞ。

祖母山　ＪＲ豊肥本線豊後竹田駅から神原までバスで約三〇分。山頂まで徒歩約四時間。ほかに尾平、五カ所から登山道あり。
傾山　竹田から上畑まで国道五〇二号線・県道一号線を高千穂方面へ約三〇キロ。山頂まで徒歩約五時間。
トトロのバス停　大分から国道一〇号線・国道三二六号線・県道六号線を延岡方面へ約七〇キロ。

122　中央構造線をつなげる太平洋新国土軸構想

会津の峠が戊申戦争の激戦地であったように、九州には西南戦争の激戦地がいくつかある。熊本県田原坂《たばるざか》の戦いが最も有名だが、三国峠（六六四メートル、日本百名峠）でも一八七七（明治十）年六月に西郷隆盛率いる薩摩軍と明治政府軍とが激しい死闘を演じている。

三国峠には、峠をバイパスする新三国トンネルができたために、いまでは一二〇年も昔の悲劇に想いをはせることなく峠を越えてしまう。阿蘇・九重連山を望む旧峠には、西郷さんの無念の跡として薩摩兵の墓が寂しく残されている。

大分水界は、国道一〇号線（日向街道）の中ノ谷峠（二六〇メートル）を越えると北に進路を変え、臼杵坂ノ市道路とJR日豊本線を過ぎて、関サバや関アジで有名な佐賀関へと到着する。ここから大分水界は海にもぐり、岬サバや岬アジで知られた愛媛県の佐田岬へとつながっている。

豊予海峡に突き出た地蔵（関）崎の突端からは、わずかに一四キロの距離をへだてた佐田岬が真近に見える。現在この海峡には国道フェリーが運航され、国道としては九州と四国がつながっている。

さらに豊予海峡では「太平洋新国土軸構想」の一部として、道路橋か鉄道トンネルをつくる計画が検討されている。東海地方から伊勢湾、紀伊半島、紀淡海峡、四国、豊予海峡をへて九州にいたる地域を高速道路や鉄道で結ぼうとする壮大なプランだ。

もともとこのルートは、地形的には中央構造線という一本の線で結ばれており、こういう発想が生まれるのもわからないではない。厳しい財政事情のおり、すぐには実現するとは思えないが、もしそうなれば紀伊半島や四国の中央構造線、すなわち大分水界周辺のエリアはかなり様変わりすることになるだろう。

三国峠　大分から国道一〇号線・国道三二六号線を延岡方面へ約五〇キロ。

地蔵（関）崎　大分から国道一九七号線を佐賀関方面へ約三五キロ。

123　源氏と平家のロマンチックな恋物語

支線をかたづけたところで、話を阿蘇の高森峠に戻し、ゴールに向けて本線の行方を追っていこう。

高森峠から南阿蘇外輪山遊歩道に沿ってしばらく進んだのち、大分水界は長かった阿蘇カルデラからようやく脱出する。二〇〇〇年八月に最後の分水嶺サミットが開かれた、九州のグランドキャニオンと呼ばれる蘇陽峡で知られた旧蘇陽町（現・山都町）を通り過ぎれば、熊本・宮崎県境に沿って九州中央山地国定公園をめざすようになる。

国定公園の入り口に位置する向坂山（一六八五メートル）には、日本最南端の天然スキー場となる五ヶ瀬ハイランドがある。南国・宮崎県にスキー場があるとは、ちょっと想像しにくいかもしれないが、このあたりは冬の最低気温がマイナス一〇度にもなるほど山深いところだ。ちょうど日向灘に注ぐ五ヶ瀬川の源流部にあたり、西南戦争で破れた薩摩兵が大分水嶺を越えて逃げのびた場所といわれている。

西南戦争の敗残兵が逃げこんだくらいなら、もっと昔にも落ちのびた人がいるのではないだろうか……。そのとおりで、宮崎県側にある椎葉村は大分水界沿いによくある平家落人の里のひとつである。

ところがここは、ほかの落人の里とはひと味ちがう。なんと、この地では源氏と平家が仲よく暮らし、おまけに子どもまでもうけているというからビックリする。『椎《しい》葉《ば》山由来記』として伝えられてきた、源氏と平家の大変ユニークな悲恋物語を紹介しておこう。

源氏の追手を逃れ山深い椎葉村に暮らしていた平家だが、なぜか源氏に居場所がばれてしまい、一人の武士が追討にやってきた。ところがこの侍、山里でひっそりと暮らす平家の姿を見てあわれに思い、追討をあきらめてしまった。

普通だったらここで黙って引き返すはずが、なぜかその後三年間も椎葉村にとどまり、平家と協力しあいながら一緒に暮らすようになった。そうするうちに一人の娘・鶴富姫と恋が芽生え、逢瀬を重ねる楽しい日々が続いた。ところが悲しいかな、幕府から帰国命令が下り、胤《たね》を宿した恋人をおいて椎葉をあとにしたのである。

いまでは秋になると二人をしのぶ「椎葉平家まつり」が盛大に行なわれ、離ればなれになった恋人たちが年に一度の再会を果たしている。じつに大分水嶺らしいロマンチックな物語ではないだろうか。

平家落人の里と伝えられる椎葉村

蘇陽　熊本から国道四四五号線・国道二一八号線を高千穂方面へ約六五キロ。
椎葉　日向から国道三二七号線を熊本方面へ約七五キロ。五ヶ瀬ハイランドへは椎葉から国道二六五号線で蘇陽方面へ約二五キロ。

124　落人が集まる未舗装道路日本一の里

宮崎県側の話ばかりしていると、熊本県側に怒られるかもしれない。分水嶺をはさんで反対側にある五家荘にも落人の伝説が残されており、太宰府に流された菅原道真の子孫が藤原氏の追討を逃れて隠れ住んだという話が伝えられているからだ。さらに五家荘の隣にある、五木の子守唄で有名な五木村も、落人の里として知られている。五木村の落人は源氏の末裔だという説もあり、こうなってくるともう何がなんだかわからない。

もうひとつついでにいえば、県境には通称「ぼんさん越」と呼ばれる峠道があり、お寺のない熊本県側の集落に不幸があったときは、宮崎県側から大分水嶺を越えてお坊さんがやってきたそうだ。このあたりでは落人だけではなく、ぼんさんたちも山深い大分水嶺を行き来していたというわけである。

九州中央山地の一帯は、ツツジやシャクナゲが美しい国見岳（一七三九メートル）や、〝天然の大植物園〟とも呼ばれる市房山（一七二一メートル）など、一七〇〇メートル級の山々が連なっている。熊本県側は日本三大急流のひとつであり、九州のリバーツーリングでナンバーワンの人気をほこる球磨川の源流域になっている。豊かな森と清らかな水。落人がひっそりと暮らすには絶好の場所なのであろう。

いまではこの一帯にはたくさんの林道がつくられ、〝未舗装道路日本一〟という、名誉か不名誉かよくわからない呼び名をいただいている。大分水嶺を横断するものとしては、内大臣・椎矢林道（椎矢峠、一四六〇メートル）、椎葉・五家荘林道（椎葉越、一四八〇メートル）、県道一四二号線上椎葉湯前線（不土野峠、一〇七〇メートル）がある。

なかでも椎矢峠越えは、約三七キロにもわたって豪快なダートが楽しめ、九州随一の林道と評判が高い。残り二つは残念ながら舗装路となっているが、ほかにも内ノ八重林道や三方山林道など未舗装の林道がたくさん残っている。

一九八九（平成元）年からJAF公認の全日本ラリー選手権「ひえつきラリー」が毎年開催され、全国から集まった強豪が秘境の里に土煙をあげて爆走していくさまが見られた。現在は場所を少し移して「ひむかラリー」となったが、これでは落人たちものんびりと隠れているわけにはいかないだろう。

五家荘　熊本から国道四四五号線・県道一五九号線を宮崎方面へ約九〇キロ。五木村へはさらに一〇キロ。

国見岳　熊本から登山口まで国道四四五号線・国道二一八号線・内大臣・椎矢林道を宮崎方面へ約六〇キロ。山頂まで徒歩約三時間。

椎矢峠　熊本から国道四四五号線・国道二一八号線・内大臣椎矢林道を宮崎方面へ約七〇キロ。

4

六〇〇〇キロの旅を終え南海に沈む大分水界

霧島から高隈山をへて佐多岬へ

125　二つの川をつなぐ分水路の謎を解き明かす

国道三八八号線の湯山峠（九四四メートル、日本百名峠）と国道二一九号線の横谷トンネル（六六六メートル）を過ぎれば、大分水界は神話のふるさと霧島連峰をめざすようになる。

連峰の手前にある小林盆地では、太平洋に注ぐ大淀川の支流と錦江湾に注ぐ川内川の支流が複雑に入り組んでいるため、大分水界の位置を決めるのはかなり骨が折れる。たとえば、ＪR吉都線西小林駅のすぐ西で、大淀川水系の石氷川から川内川水系の池島川へ分水路が出ているように地形図では見える。もしそうだとしたら、このあたりでは分水界が特定できなくなる。どうでもよいと思われるかもしれないが、こういうポイントがやたらと気になるのが、分水嶺ハンターの悲しい習性だ。

川が立体交差していて大分水界の位置が分からない

幸いなことにNHKの教養バラエティ番組「熱中時間」のロケで現地を訪れる機会があり、池島川を遡ってみた。すると石氷川を目前にして洞窟で行き止まりになり、二つの川はつながっていないことが分かった。

ところが、その手前で道路の側溝を使って立体交差している上に、石氷川側から池島川側へ水が落とされていた。ほかにも相互に水を流しているポイントを発見し、このあたりでは大分水界が消滅していると言わざるをえないようだ。

〝花と水のまち〟がキャッチフレーズの小林市は環境庁の「星のふるさと日本一」に五回も選ばれた街であり、北きりしまコスモドームと呼ばれる立派な天文台もある。また、名水百選にも選ばれた「出ノ山湧水」はゲンジボタルの生息地としても知られている。JR吉都線と宮崎自動車道をまたいだ大分水界は、そんな小林市街を見下ろしながらえびの高原を登り、霧島屋久国立公園へと入っていく。

湯山峠　人吉から国道二一九号線・国道三八八号線を日向方面へ約四〇キロ。
小林　宮崎から国道二六八号線をえびの方面へ約六〇キロ。

126 天をつく大分水嶺に降りたニニギノミコト

直径一キロにもおよぶ火口をもつ霧島連峰の最高峰・韓国《からくに》岳（一七〇〇メートル、日本百名山）。大分水界は、その山頂から新燃《しんもえ》岳（一四二一メートル）をへて南への びる縦走路に沿って進み、調和のとれた秀麗な山容をもつ高千穂峰（一五七三メートル）をめざしていく。高千穂峰では大分水界は山頂には達しておらず、御鉢と呼ばれる山頂直下の噴火口まで登ったところでUターンをして山を駆け降りている。

高千穂峰といえば、神話にでてくる天孫降臨の地として、戦前ならだれもが知っている国民的な山であった。ニニギノミコトという名前の神様が高天原から高千穂に降り立ったという話である。

天孫降臨の場所としては、高千穂峡のある宮崎県高千穂町とする説もある。国家神道が盛んだったころには、地元はもちろん学者・文化人を巻きこんでの大論争が繰り広げられたが、いまだに決着がついていない。

ここ霧島には日本一の星空に向かって天をつく大分水嶺がある。真面目に研究している人に怒られるかもしれないが、ニニギノミコトの気持ちになって考えれば間違いなく霧島を選ぶのではないだろうか。そのほうが、着陸地点としては天空から目につきやすいし、神様が登場するにふさわしい舞台がそろっている。演出効果としても抜群だ。

ついでにいえば、天孫降臨の地が高千穂山頂にある「天ノ逆鉾《さかほこ》」だったとしたら、大分水界のわずかに太平洋側（宮崎県側）に着陸したことになる。高千穂峡も宮崎県にあり、同じ県のなかでそんなに神様の取りあいをすることはないと思うのだが……。

韓国岳　ＪＲ日豊本線宮崎駅から、えびの高原までバスで約二時間。山頂まで徒歩約一時間三〇分。

高千穂峰　ＪＲ鹿児島本線西鹿児島駅から高千穂河原までバスで約二時間三〇分。山頂まで徒歩約二時間。韓国岳から新燃岳をへて高千穂峰までの大分水嶺縦走は約七時間かかる。

韓国岳から見た新燃岳と高千穂峰（噴火前の撮影）

※霧島山は火山活動の活発化に伴い、新燃岳、中岳、獅子戸岳は登山禁止となっている。大浪池、韓国岳、高千穂峰は登山可能。（2019 年 11 月現在）

く。

127　日本文化のルーツが息づく照葉樹の森

霧島連峰を駆けぬけた大分水界は、いよいよゴールに向けて鹿児島県へと入ってい

九州の旅をスタートしてすぐに越えたJR日豊本線を久しぶりに渡り、錦江湾の眺望が美しい牧ノ原付近で国道一〇号線（日向街道）と交わる。そこから国道五〇四号線に沿いながら南へ進み、秋のススキがみごとな高原地帯を通りぬけ、少しずつ高さを増していく。このへんも星空が美しいことで有名で、環境庁の「きれいな星空日本一」に四年連続して選ばれた輝北天球館が大分水界のすぐ近くにある。

そして春のツツジと秋のコスモスの名所である高峠（七二二メートル）を越えた大分水界は、スダジイやアカガシなどの照葉樹林が密生する高隈《たかくま》山の稜線をつたって、最高峰の大箆柄《おおのがら》岳（一二三六メートル）に達する。

照葉樹とは、カシ・シイ・タブ・クス・ツバキなどに代表される常緑樹で、葉に光沢があることからこう呼ばれている。かつて照葉樹林は、ヒマラヤ山麓から中国南西部を通って西日本まで、広く東アジア一帯をおおっていた。

これらの地域では「照葉樹林文化」と呼ばれる、大変よく似た文化をもっている。

横岳（左）から御岳（右端）へと連なる高隈山の大分水嶺

お茶に醤油といったものから、餅、納豆などのネバネバ系の食物、さらに漆や絹にいたるまで、日本独自のものと思われるものの多くが、照葉樹林帯にある地域にも共通してみられる。

日本に入ってきた稲作文化は、照葉樹林帯である西日本では早いテンポで広がったものの、木の実をはじめ森からの恵みだけでもやっていける東日本ではなかなか普及しなかった。しかし、やがて稲作文化が強固な共同体を生みだし、東日本を侵略しはじめ、やがて日本をひとつの国へとまとめていくことになる。いうならば照葉樹林は日本文化のルーツであり、我々の母なる森といってもいいすぎではない。

その大切な照葉樹林だが、ある調査によれば本来の森のわずか一パーセントに満たないところまで減ってしまい、まさに瀕死の状態になっているそうだ。宮崎県綾渓谷と並んで「日本の自然100選」に選ばれた高隈山の照葉樹林は、次の世代に受け継ぐべき貴重な日本の自然なのである。

高峠　鹿児島から国道一〇号線・国道二二〇号線・県道七一号線を鹿屋方面へ約八〇キロ。
高隈山（大篦柄岳）　桜島を眼前に望む大隅半島の最高峰。垂水港から内ノ野までバスで約三〇分。山頂まで徒歩約四時間。

128　亜熱帯の海へ消えゆく大分水界

九州自然歩道に沿って高隈山の稜線をたどったあと、大分水界は自衛隊の鹿屋航空基地の滑走路の西端を横切っていく。

ここもＮＨＫの取材ということで、怪しまれながらも特別に滑走路の端まで入れてもらい、分水界の正確な位置が特定できた。大分水界の上にある空港としては、千歳、青森に次いで三つめにあたる。

なぜか大分水界は自衛隊とも縁があり、このほかにも北海道千歳駐屯地、福島県布引山演習場、三重県白山分屯地、大分県日出生台《ひじうだい》演習場などが大分水界上にある。分水嶺は見晴らしがよいため、飛行機の離発着や軍事訓練をするのに向いているのだろうか。

日出生台は、中央分水嶺踏査をした日本山岳会が、砲弾が飛び交う演習の隙間を狙って実地調査をしている。上には上がいるものだ。

鹿屋航空基地で鹿児島湾までわずか一キロくらいのところまで接近した大分水界は、そこから大隅半島を横断して反対の太平洋側に進み、一〇〇〇メートルに満たない海岸沿いの低い山地をたどっていく。

さらに、内浦町（現・肝付町）と田代町（現・錦江町）との町境で国道四四八号線をまたぐことになる。ここが全国で一八〇本を数える大分水界越え国道の南限となっている。

全部で四五三本のうちの一八〇本だから、じつに四〇パーセント近くになる。沿岸部に人口が集中しているにわりには、やけに多いような気がする。それほど日本では分水嶺を越える交通が盛んなのか、それとも道路密度が低かったために公共工事が集中した結果なのだろうか。

そして、北緯三〇度五九分二六秒。インドのニューデリーやエジプトのカイロとほぼ同じ緯度にある九州最南端の佐多岬で、日本列島を縦断した大分水界はフィナーレをむかえる。

六〇〇〇キロの長い旅を終えた大分水界は、亜熱帯の植物が生い茂り南国ムードがあふれる岬から、サンゴ礁のなかに熱帯魚が泳ぐ太平洋の大海原へと消えていくのである。

見方によっては、さらに沖縄諸島や八重山列島をへて日本最西端にある与那国島へ続いているという解釈もできる。実際に分水嶺サミットの資料では、海を越えた沖縄県にまで中央分水界をのばしている。

日本列島を太平洋の海底からそびえる細長い山脈と考えれば、そういう解釈も成り立たないこともない。とはいえ、洋上に浮かぶ島に無理やり線引きをしてみても、大分水嶺らしい楽しみが得られるとは思えない。
沖縄の読者の方々には申し訳ないが、本書ではここで大分水嶺の旅を終えることにしたい。

鹿屋航空基地　鹿児島から国道一〇号線・国道二二〇号線を鹿屋方面へ約九〇キロ。
佐多岬　鹿屋から国道二六九号線・佐多岬ロードパークウェイを佐多方面へ約七〇キロ。

大分水嶺は佐多岬へと延びて太平洋に没する

おわりに

分水嶺に立つ日本人

わたしは全国を気ままに訪ね歩く旅行者の一人であり、輝かしい記録をもつ登山家でもなければ、地学や歴史の専門家でもない。そんなわたしが、大分水嶺を紹介するという身のほど知らずの企画に挑戦したのには、ひとつ理由があった。分水嶺という、まだまともに取りあげられたことのないスポットに、早く光をあてたいという思いがあったからだ。

荒涼とした大地がひろがる北海道宗谷岬から、暖かい潮風を受け亜熱帯植物が生い茂る佐多岬まで。本書を通して読まれた方は、大分水界という一本の線に多彩な日本の風土が散りばめられていることに気づかれたはずである。

我々の文化や歴史は、これほど多様で変化のある日本の自然のなかではぐくまれ、それと同時に日本の自然は常に人間のさまざまな営みのなかで生きてきた。やや大げさな表現になるかもしれないが、大分水嶺には自然と人間との〝共生〟を積み重ねてきた日本という国が凝縮されているといってもおかしくはない。

ところが、分水嶺ほどうつろいやすいところもなく、時の流れとともに着実に変化させられてきている。

本書の取材のために、分水嶺ハンティングをはじめた頃に訪れたスポットのいくつかに足を運んでみた。それは、あまりの変貌ぶりに驚かされることの連続であった。

つづら折りの未舗装の峠道には立派なトンネルや高速道路が走り、清らかなせせらぎは無粋な堰で埋められ、静かだった山村は大規模なレジャー施設とコンビニエンスストアがたてられていた。都会に暮らすわたしに快適な生活を非難する資格がまったくないのはわかっているのだが、あまりに変わってしまった光景を前に、やるせないものを感じずにはいられなかった。

人々のなかには自然や環境に対する意識が高まりつつあるといわれている一方、巨大公共プロジェクトによる大規模な自然の改変から、里山や田園などの身近な生態系の破壊まで、いまだに日本の自然環境は蝕まれ続けている。

大分水嶺は日本の自然や風土の縮図だとすれば、この一本の線を未来にむけて大切に守っていけるかどうかは、我々の日本人の試金石だともいえる。

我々はいままさに、次の世代に日本の原風景たる美しい自然や誇るべき地方文化を残せるかどうかの〝分水嶺〟に立っている。その事実を、一人でも多くの人が現地を訪れることによって知ってもらいたかったのである。

本書では、大分水嶺のもつ多彩な側面を全国にまんべんなく散らして紹介するため、涙をのんで切り捨ててしまったところが山ほどある。それに、一般の人が訪れやすいところを重点的に取りあげ、通好みの場所や話題はかなりカットしてしまった。第一、わたし自身まだ大分水嶺をすべて歩いたわけでもなく、キラリと光るスポットが一杯残っているはずだ。

あとは読者の皆さん一人一人が、そういった場所を自分の目で探しだし、自分の足で訪ねてみてほしい。そしていつの日かそれぞれの経験を重ね合せ、大分水嶺という長大な未踏峰の完全走破が達成できれば、筆者としてこんなにうれしいことはない。

以上が、二〇〇〇（平成十二）年に出版した『日本の分水嶺』（山と溪谷社）のあとがきの主要な部分である。文庫版という形で復刻するにあたり、なるべく原著のメッセージを損ねないようにと、再録することにした。

もっとも、本文のほうは、現状に沿ったものになるよう必要最低限の改訂を加えた。その作業は結構大変で、まさにあとがきで書いたように、一〇年の間にさまざまな変化があり、分水嶺がいかにうつろいやすものか、あらためて感じされられた。

あとがきの最後にある「長大な未踏峰の完全走破」についても大きな動きがあった。まずは、大分水嶺の約半分にあたる、本州の中央分水嶺（約二八〇〇キロ）に関しては、単独完全走破者が現れた。細川舜司氏が三九年かけてこの偉業を成し遂げたのだ。その苦闘の道のりを綴った『日本の「分水嶺」を行く』（新樹社）という著書があり、興味ある方は参考にされたい。

一方、日本山岳会は、千人以上の会員による、北海道や九州を含めた中央分水嶺（約四五〇〇キロ）の完全踏破を成し遂げた。単にリレー縦走しただけではなく、分水嶺の位置を特定するとともに、様々な科学的な調査を行ない、多くの興味深い発見が『日本列島中央分水嶺踏査報告書』（日本山岳会）に記載されている。

わたし自身は、こんな華々しい記録とは対照的に、相変わらずの分水嶺気まま歩きを続けている。そんなわたしにNHKの「熱中時間」から出演依頼があり、一週間に及ぶ現地ロケを経て〝分水嶺熱中人〟として放映された。ペットボトルの水を撒いたり、自衛隊基地で不審者として通報されたり、「怪しい親父」として描かれてはいるものの、分水嶺の面白さをアピールするのに一役買えたかもしれない。

そんな多くの方の地道な活動のせいか、少しずつ分水嶺がメジャーとなってきていると感じる。分水嶺を歩くルートが整備されたり、分水嶺をトレッキングするツアーが見られるようになったからだ。とはいえまだ緒についたばかりで、いつかは米国のアパラチアン・トレイルのように、六〇〇〇キロに及ぶ日本分水嶺トレイルをスルー・ハイカーが歩くことを夢見て、分水嶺にこだわって活動を続けていくつもりである。


本書を締めくくりにあたり、お世話になった方々に一言お礼の言葉を書きそえておきたい。

本書はわたしを含め三人の分水嶺ハンターの共同作品といってもよく、両氏の協力がなければとても世の中にだせなかったであろう。一人は、分水嶺の峠を自転車で駆け巡り、廃道・旧道のスペシャリストとなった永冨謙氏である。分水嶺について詳しく知りたい方は、氏の力作ウェブサイト「分水嶺辞典」に一度アクセスしてみてほしい（http://nagajis.dyndns.org/Bunsuirei/）。

もう一人は、日本山岳会の完全踏査の仕掛け人となった近藤善則氏である。中でも分水嶺を中心に据えたユニークな地図は大いに発想の刺激となった。氏が主催する「分水嶺倶楽部」のサイトにも本書で言及しきれなかった興味深い情報がアップされている（http://members.jcom.home.ne.jp/yoshi-kondo/yama/bunsui.htm）。

さらに、兵庫県旧氷上町や岐阜県旧高鷲村をはじめとする分水嶺サミットを開催された市町村からは、地元でしか手に入らない貴重な資料をたくさん提供してもらい、本当に感謝している。ほかにもたくさんの文献のお世話になり、巻末にまとめてあげておいた。観光パンフレットや個人のサイトにいたっては、あまりに多すぎて名前すらあげられず、筆者の怠慢とただお詫びするしかない。

加えて、単行本と文庫本と二度にわたりお世話になった山岳・自然図書出版部の萩原浩司部長をはじめ、編集の労を取ってくださった山と溪谷社の皆さんにお礼の言葉を述べておきたい。そして最後に、分水嶺ハンティングや執筆を陰で支えてくれている愛妻と愛娘たち。いつも、ありがとう!

堀 公俊

二〇一一年八月

主要参考文献

■山岳

『日本百名山』深田久弥、新潮文庫、一九七八年
『日本の山』山と溪谷社編、山と溪谷社、一九八一年
『山歩きの自然学』小泉武栄、山と溪谷社、一九九八年
『山の自然学入門』小泉武栄・清水長正編、古今書院、一九九二年
『北の分水嶺を歩く』工藤英一、山と溪谷社、一九九四年
『こだわりの山DAS』石井光造編著、白山書房、一九九六年
『一等三角点の名山と秘境』安藤正義・多摩雪雄・冨田弘平・松本 浩、新ハイキング社、一九九六年
『登山入門』近藤信行、岩波ジュニア新書、一九八二年
アルペンガイド『北海道の山』『東北の山』『上信越の山』『尾瀬』『奥日光・足尾・那須』『奥多摩・奥秩父・大菩薩』『八ガ岳・北八ガ岳』『美ガ原・霧ガ峰』『上高地・槍・穂高』『中央アルプス・御岳山・白山』『鈴鹿・美濃』『中国・四国の山』『九州の山』『山名・用語事典』山と溪谷社編、山と溪谷社、一九九八〜一九九九年
『名古屋周辺ワンデイハイク』『京阪神周辺ワンデイハイク』山と溪谷社編、山と溪谷社、一九九七〜一九九八年
『空撮・日本百名山』内田 修・瀬尾 央・佐古清隆、山と溪谷社、一九九六年

『花の百名山　登山ガイド（上・下）』山と溪谷社編、山と溪谷社、一九九六年
『'99 全国スキー場ガイド』skier 編集部編、山と溪谷社、一九九八年

■峠・道

『新装版　日本百名峠』井出孫六編、マリンアド、一九九九年
『日本の街道事典』稲垣史生監修、三省堂、一九八三年
『日本の街道もの知り事典』児玉幸多監修、主婦と生活社、一九九三年
『定本　信州百峠　改訂普及版』井出孫六・市川健夫監修、郷土出版社、一九九五年
『九州の峠』甲斐素純・前山光則・溝辺浩司・桃坂 豊、葦書房、一九九六年
『峠の道路史』野村和正、山海堂、一九九四年
『峠の旧街道テクテク歩き』山本偦、講談社、一九九二年
『歴史街道　名所案内』細川 淳編、婦人画報社、一九九六年
『日本の旧街道ウォーキングガイド（東日本編・西日本編）』日本歩け歩け協会編、実業之日本社、一九九七年
『バイクで越えた一〇〇〇峠』賀曽利 隆、小学館文庫、一九九八年
『今度は、この3ケタ国道を走ってみたい。』下野康史、日本交通公社出版事業局、一九九五年
『京阪神　峠の山旅』大阪府社会体育研究所編、七賢出版、一九九六年
『東海自然歩道　日帰りハイキング（2・3）』武村岳男、山と溪谷社、一九九五年

『北海道　道路五三話』北海道新聞社編、北海道新聞社、一九七九年
『図説　歴史の街道・幕末維新』榊原和夫、河出書房新社、一九九〇年
『熊野古道』上方史蹟散策の会編、向陽書房、一九九五年
『自転車旅行案内（1・2）』サイクルフィールド編、山海堂、一九九七年

■地理・地学

『新版　火山と地震の国』中村一明・松田時彦・守屋以智雄、岩波書店、一九八七年
『新版　日本の山』貝塚爽平・鎮西清高編、岩波書店、一九九五年
『新版　日本の川』阪口 豊・高橋 裕・大森博雄、岩波書店、一九九五年
『新版　日本の平野と海岸』貝塚爽平・成瀬 洋・太田陽子・小池一之、岩波書店、一九九五年
『新版　日本の気候』中村和郎・木村竜治・内嶋善兵衛、岩波書店、一九九五年
『新版　日本の生物』堀越増興・青木淳一編、岩波書店、一九九六年
『日本の山（東日本編・西日本編）』中山正民・籠瀬良明・山口恵一郎・堀 淳一編、そしえて、一九九〇年
『地形学』佐藤 久・町田 洋編、朝倉書店、一九九〇年
『水文学』市川正巳編、朝倉書店、一九九〇年
『日本の山地形成論』藤田和夫、蒼樹書房、一九八三年
『地図を読む』五百沢智也、岩波書店、一九九一年

『琵琶湖の自然史』琵琶湖自然史研究会編著、八坂書房、一九九四年
『日本地理がわかる事典』浅井建爾、日本実業出版社、一九九七年
『日本地図の楽しい読み方(1・2)』ロム・インターナショナル編、河出夢文庫、一九九七年

■河川・水

『日本の河川環境II』環境庁自然保護局編、自然環境研究センター、一九九八年
『誰でも行ける意外な水源・不思議な分水』堀 淳一、東京書籍、一九九六年
『日本再発見 水の旅』富山和子、文藝春秋、一九八七年
『日本列島百名水』カルチャーブックス編集部編、講談社、一九九一年
『最後の清流 四万十川を行く』立松和平・大塚高雄、講談社、一九九一年
『四万十川物語』澤田佳長、岩波書店、一九九三年
『全国名水めぐり』アーク・コミュニケーションズ、昭文社、一九九五年
『日本の川地図一〇一』斎藤康一・矢野哲治、小学館、一九九一年
『川を楽しむ』リバーフロント整備センター編、技報堂出版、一九九一年
『千曲川・犀川の本』千曲川・犀川河川緑地連絡会、銀河書房、一九九三年
『川のなんでも小事典』土木学会関西支部編、講談社ブルーバックス、一九九八年
『渓流物語』山本素石、朔風社、一九八二年

■自然・森林

『日本の自然一〇〇選』朝日新聞社編、朝日新聞社、一九八三年

『日本の美林』井原俊一、岩波新書、一九九七年
『日本の森あんない（東日本篇・西日本篇）』石橋睦美、淡交社、一九九五年
『照葉樹林文化の道』佐々木高明、日本放送出版協会、一九八二年
『「もののけ姫」を読み解く』コミックボックスジュニア、ふゅーじょんぷろだくと、一九九七年
『紅葉めぐり』もみぢ狩愛好会編、日本交通公社出版事業局、一九九四年
『「日本一〇〇選」旅案内』辻原康夫編著、トラベルジャーナル、一九九八年
『日本の一〇〇選データブック』大蔵省印刷局編、大蔵省印刷局、一九九八年

■鉄道・旅行

『ＪＲ全線全駅　最新改訂版』弘済出版社編、弘済出版社、一九九七年
『地図で歩く鉄道の峠』今尾恵介、けやき出版、一九九七年
『97汽車旅一〇〇選』実業之日本社編著、実業之日本社、一九九七年
『鉄道考古学を歩く』浅野明彦、日本交通公社出版事業局、一九九八年
『鉄道廃線跡を歩く』宮脇俊三編著、日本交通公社出版事業局、一九九五年
『全国軽便鉄道』岡本憲之、日本交通公社出版事業局、一九九九年
『北の銀河鉄道』佐藤正之、日本評論社、一九九六年

■歴史・文学

『戊辰戦争』佐々木克、中公新書、一九七七年
『関ケ原合戦』二木謙一、中公新書、一九八二年
『芭蕉＝その人生と芸術』井本農一、講談社現代新書、一九六八年
『高千穂幻想』千田稔、PHP新書、一九九九年
『あゝ野麦峠』山本茂実、角川文庫、一九七七年
『分水嶺』森村誠一、角川文庫、一九七四年
『二一世紀こども百科　歴史館』大塚初重・石井進総監修、小学館、一九九九年

■報告書

『全国分水嶺（界）サミット（第一回〜一二回）』各サミット開催市町村、一九八八〜一九九九年
『全国分水嶺（界）サミット一〇周年記念誌　十年の歩み』全国分水嶺市町村協議会、一九九八年
『第一二回水郷水都全国会議徳島大会報告書』水郷水都全国会議徳島大会報告書編集委員会、一九九六年
CD-ROM『飛騨の峠』建設省中部地方建設局高山国道工事事務所、一九九九年
『日本列島　中央分水嶺　踏査報告書』日本山岳会、二〇〇七年

■地図

『新版　日本国勢地図』建設省国土地理院

『二万五千分の一地形図』建設省国土地理院
『旅に出たくなる地図　日本編　七訂版』帝国書院
『グランプリ全日本道路地図』昭文社
『マップル広域版』昭文社
『ツーリングマップル』昭文社
『コンパニオン道路地図』ワラヂヤ
『JTB時刻表』日本交通公社出版事業局
『大分水嶺』近藤善則
ホームページ『分水嶺辞典』永富 謙

■雑誌

「山と溪谷」山と溪谷社
「旅」日本交通公社出版局
「旅と鉄道」鉄道ジャーナル社
「サライ」小学館
「BE-PAL」小学館
「アミューズ」毎日新聞社
「マップルマガジン」昭文社
「自然保護」日本自然保護協会

日本の分水嶺

二〇一一年九月一日　初版第一刷発行
二〇二三年四月二十五日　初版第五刷発行

著　者　堀 公俊
発行人　川崎深雪
発行所　株式会社　山と溪谷社
郵便番号　一〇一―〇〇五一
東京都千代田区神田神保町一丁目一〇五番地
https://www.yamakei.co.jp/

■乱丁・落丁、及び内容に関するお問合せ先
山と溪谷社自動応答サービス　電話〇三―六七四四―一九〇〇
受付時間／十一時～十六時（土日、祝日を除く）
メールもご利用ください。
【乱丁・落丁】service@yamakei.co.jp　【内容】info@yamakei.co.jp
■書店・取次様からのご注文先
山と溪谷社受注センター　電話〇四八―四五八―三四五五
ファクス〇四八―四二一―〇五一三
■書店・取次様からのご注文以外のお問合せ先　eigyo@yamakei.co.jp

デザイン　岡本一宣デザイン事務所
印刷・製本　大日本印刷株式会社

定価はカバーに表示してあります

Printed in Japan ISBN978-4-635-04735-7

ヤマケイ文庫の山の本

新編 単独行
新編 風雪のビヴァーク
ミニヤコンカ奇跡の生還
垂直の記憶
梅里雪山 十七人の友を探して
ナンガ・パルバート単独行
わが愛する山々
空飛ぶ山岳救助隊
山と溪谷 田部重治選集
タベイさん、頂上だよ
ソロ 単独登攀者・山野井泰史
単独行者《アラインゲンガー》 新・加藤文太郎伝 上／下
山のパンセ
山の眼玉
山からの絵本
穂高に死す
長野県警レスキュー最前線

深田久弥選集 百名山紀行 上／下
穂高の月
ドキュメント 雪崩遭難
ドキュメント 単独行遭難
生と死のミニャ・コンガ
若き日の山
紀行とエッセーで読む 作家の山旅
白神山地マタギ伝
山 大島亮吉紀行集
黄色いテント
安曇野のナチュラリスト 田淵行男
名作で楽しむ 上高地
どくとるマンボウ 青春の山
山の朝霧 里の湯煙
新田次郎 続・山の歳時記
植村直己冒険の軌跡
山の独奏曲

原野から見た山
人を襲うクマ
瀟洒なる自然 わが山旅の記
高山の美を語る
山・原野・牧場
山びとの記 木の国 果無山脈
八甲田山 消された真実
ヒマラヤの高峰
深田久弥編 峠
穂高に生きる 五十年の回想記
穂高を愛して二十年
足よ手よ、僕はまた登る
太陽のかけら アルパインクライマー 谷口けいの軌跡

新刊 ヤマケイ文庫クラシックス

冠松次郎 新編 山溪記 紀行集
上田哲農 新編 上田哲農の山
田部重治 新編 峠と高原